I0099718

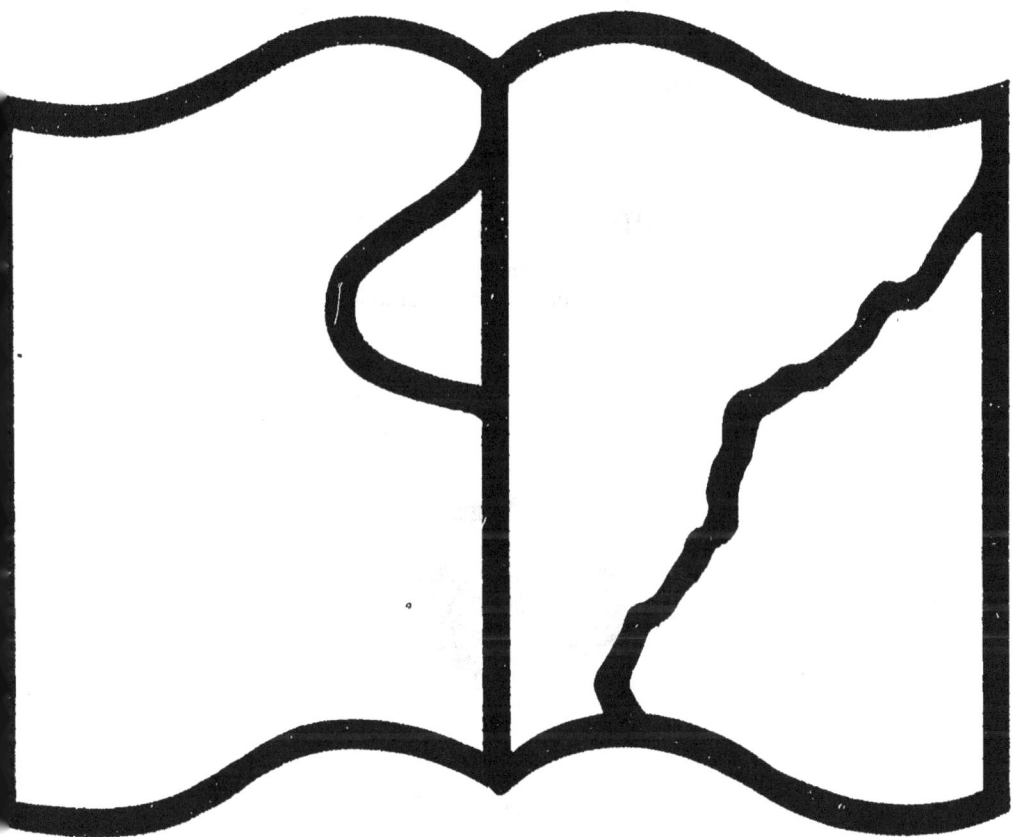

Texte détérioré — reliure défectueuse

NF Z 43-120-11

Symbole applicable
pour tout,ou partie
des documents microfilmés

NOTIONS

DE

PSYCHOLOGIE

A L'USAGE DES JEUNES FILLES

PAR

L'ABBÉ L. SALEMBIER

Docteur en théologie
Aumônier du Monastère d'Esquermes, à Lille

Ubi non est scientia animæ, non est bonum.
Là où n'est pas la science de l'Ame, il n'y a point de bien.
Prov, XIX, 2.

PARIS

LIBRAIRIE POUSSIELGUE FRÈRES

CH. POUSSIELGUE, SUCCESSEUR

RUE CASSETTE, 15

1890

CLASSIQUES DE L'ALLIANCE DES MAISONS D'ÉDUCATION CHRÉTIENNE

Boileau. — **Œuvres choisies**, par M. l'abbé J. C. 1 50

Boileau. — **L'Art poétique**, par M. l'abbé J. C. . . . . » 40

Bossuet. — **Discours sur l'histoire universelle** (3e partie). **Les Empires**, par M. l'abbé APPERT . . 1 25

Bossuet. — **Oraisons funèbres**, par M. l'abbé J. MARTIN 1 60

Buffon. — **Discours sur le style**, par M. l'abbé PIERRE . . . . . » 30

Buffon. — **Morceaux choisis**, par le P. LÉON 1 20

Corneille. — **Nicomède**, annoté par M. l'abbé GROSJEAN . . . . . 1 »

Fénelon. — **Aventures de Télémaque**, par M. l'abbé J. MARTIN . 1 50

Fénelon. — **Dialogues des morts**, avec introduction et notes, par M. l'abbé J. MARTIN 1 75

Fénelon. — **Fables et opuscules divers**, avec introduction et notes, par M. l'abbé J. MARTIN . . . »75

Fénelon. — **Lettre sur les occupations de l'Académie française**, par M. l'abbé E. GAUMONT . . . . » 80

La Bruyère. — **Caractères**, par M. l'abbé A. JULIEN 2 50

La Fontaine. — **Fables**. Édition classique, précédée de notices biographiques et littéraires et accompagnée de notes et remarques historiques, philologiques, littéraires et morales, par M. l'abbé O. MEURISSE 1 60

Massillon. — **Le Petit Carême**, annoté par M. l'abbé SOULIÉ . . 1 60

Molière. — **Le Bourgeois gentilhomme**, annoté par M. l'abbé FIGUIÈRE . . . . 1 »

Molière. — **Femmes savantes (les)**, annoté par M. l'abbé FIGUIÈRE . 1 »

Molière. — **Tartufe**. Analyse et extraits, par M. l'abbé FIGUIÈRE. 1 25

Pascal. — **Les Provinciales**, lettres Iʳᵉ, IVᵉ et XIIIᵉ, par M. l'abbé A. VIALARD, *publiées avec permission de l'autorité ecclésiastique* . . 1 50

Racine. — **Andromaque**, tragédie. Étude littéraire, par le P. BOULAY. 2 50

Racine. — **Andromaque**, annoté par M. l'abbé FIGUIÈRE . . . . 1 »

Racine. — **Athalie**. Édition avec notes historiques et littéraires des meilleurs critiques, par M. l'abbé RAGEY. . » 40

Racine. — **Iphigénie**, annoté par M. l'abbé FIGUIÈRE . . . . 1 »

Racine. — **Les Plaideurs**, annoté par M. l'abbé FIGUIÈRE . . . . 1 »

Recueil de poésies, à l'usage des classes élémentaires, par M. l'abbé JOLIBAUD. 1 25

Sévigné (Mme de). — **Lettres choisies**, par M. l'abbé J. C. . . . 1 80

Théâtre classique français, contenant : *le Cid, — Horace, — Cinna, — Polyeucte*, de Corneille ; — *Britannicus, — Esther, — Athalie*, de Racine ; — *le Misanthrope*, de Molière ; — et *Mérope*, de Voltaire, par M. l'abbé FIGUIÈRE . . . . 3 »

Voltaire. — **Lettres choisies**, annoté par M. l'abbé J. MARTIN . . 2 75

Voltaire. — **Le Siècle de Louis XIV**, par M. l'abbé VERNAY. . . . 2 75

Morceaux choisis de poètes et de prosateurs français, de l'origine de la langue jusqu'au XIXᵉ siècle, par M. l'abbé E. RAGON.

— COURS ÉLÉMENTAIRE, XVIIᵉ, XVIIIᵉ et XIXᵉ siècles. 2 50

— COURS MOYEN, XVIᵉ, XVIIᵉ, XVIIIᵉ et XIXᵉ siècles 3 50

— COURS SUPÉRIEUR, de l'origine de la langue jusqu'au XIXᵉ siècle. . 5 »

Histoire abrégée des littératures anciennes et modernes avec morceaux choisis . . . . 3 »

Prosodie française, contenant les règles de la prononciation et de la versification, par M. l'abbé LEJARD . 2 50

Chimie expérimentale et pratique (programme du brevet élémentaire), par M. l'abbé LORIDAN . 1 50

Physique expérimentale et pratique (programme du brevet élémentaire), par M. l'abbé LORIDAN. . 3 »

Botanique (Cours de), par les Religieuses Ursulines de Blois. . . . 2 50

Histoire naturelle (Éléments d'), par M. l'abbé E. C.

ZOOLOGIE. *Première partie* (Anatomie et Physiologie) . . . 3 »

ZOOLOGIE. *Deuxième partie* (Classification et Description). . . 2 50

BOTANIQUE 3 50

Petite Flore analytique des jardins et des champs, par M. DE VOS.

Principes de Morale catholique, par M. le chanoine DIDIOT. . . .

La Morale pratique, conforme aux programmes des Écoles primaires supérieures, des Écoles normales primaires et de l'Enseignement secondaire des jeunes filles, par M. l'abbé DRIOUX . . 2 25

Paris. — Imprimerie F. Levé, rue Cassette, 17.

APPROBATION

DE MONSEIGNEUR L'ARCHEVÊQUE DE CAMBRAI

In lucem odoro permittimus

† ODO, *Arch. Cameracensis*

Propriété de

ALLIANCE DES MAISONS D'ÉDUCATION CHRÉTIENNE

NOTIONS

DE

PSYCHOLOGIE

A L'USAGE DES JEUNES FILLES

PAR

L'ABBÉ L. SALEMBIER

Docteur en théologie
Aumônier du Monastère d'Esquermes, à Lille

Ubi non est scientia animæ, non est bonum.
Là où n'est pas la science de l'âme il n'y a point de bien.
Prov. XIX, 2.

PARIS

LIBRAIRIE POUSSIELGUE FRÈRES

CH. POUSSIELGUE, SUCCESSEUR

RUE CASSETTE, 15.

—

1890

PRÉFACE

Ce petit livre appartient à l'histoire des origines, — nous pourrions dire à bon droit : des temps héroïques, — de la Faculté libre de Théologie de Lille ; c'est pourquoi peut-être on nous a demandé d'en écrire la Préface.

L'auteur, aumônier d'un des plus considérables pensionnats de France, fut notre élève enthousiaste et fidèle, dès le premier jour de notre enseignement théologique, et pendant plusieurs années. Les loisirs que pouvait lui laisser un ministère fort chargé nous appartenaient tout entiers, et par nous à la science sacrée.

Les hautes doctrines de l'Écriture Sainte, de la philosophie et de la théologie chrétiennes, soigneusement recueillies à la Faculté, devenaient souvent, quelques heures après, l'aliment intellectuel et moral du pensionnat, à la portée duquel on avait l'art autant que le désir de les mettre.

Ce cours de Psychologie pour les jeunes filles est sorti de là. Elles ont bien un peu contribué à le faire, par l'intelligence et la bonne volonté qu'elles apportaient à en construire, industrieuses abeilles, la première rédaction qui fut autographiée en son temps. C'est la garantie de l'utilité du livre, et de sa parfaite accommodation aux esprits auxquels il est destiné. Dans une maison d'éducation un peu nombreuse, parmi les maîtresses et parmi les élèves, il ne manquera pas de lectrices et il leur fera du bien.

Elles y trouveront le complément de leurs études littéraires et religieuses, avec des notions sans lesquelles leur raison et leur foi ne sauraient se rendre compte des problèmes qui surgiront à chaque instant devant elles, dans leurs lectures, dans leurs entretiens, jusque dans leurs prières et leurs réflexions.

Elles seront par là prémunies contre beaucoup de frivolités et d'erreurs, fortifiées dans l'amour du vrai et du bien, guidées dans l'appréciation de certaines œuvres littéraires, artistiques, philosophiques, dont il convient qu'elles puissent goûter la réelle beauté, ou discerner et dédaigner les flatteuses mais mensongères et dangereuses avances.

Elles sauront mieux défendre les droits de la vérité catholique et se mieux garder, elles-mêmes et les leurs, contre les attaques de la sophistique contemporaine.

Et si Dieu les appelle à la vocation la plus élevée, à la vie angélique du cloître, ou à la vie apostolique de l'éducation des enfants et du soin des malades, elles posséderont, dans ce manuel, un trésor de principes extrêmement utiles à l'oraison et à la perfection spirituelle, à l'éducation et à la direction des âmes.

Les sublimes contemplatives et les admirables éducatrices dont l'Église s'honore, les Hildegarde et les Gertrude, les Thérèse de Jésus et les Jeanne de Chantal, n'eussent pas été ce qu'elles furent, si Dieu ou leurs directeurs ne leur avaient donné ces connaissances de psychologie théorique et pratique qui ont rendu leurs écrits si solides, mais parfois aussi peu intelligibles pour qui manque des éléments de la philosophie chrétienne.

Nous parlons de la philosophie chrétienne, car c'est réellement elle tout entière qui se trouve dans les livres de ces grandes saintes, et qui est condensée dans ce manuel. La logique, la métaphysique, la cosmologie et l'anthropologie, tant naturelles que surnaturelles, sont résumées ici, au moins en ce qu'elles offrent de précieux pour l'éducation supérieure des jeunes filles et des femmes chrétiennes.

Le chapitre préliminaire de cet abrégé de psychologie nous dispense d'en dire ici le plan et les divisions générales, car il les expose avec soin. Le but de toutes ces études sur la hiérarchie des êtres, sur la nature de l'homme, sur ses facultés sensitives et intellectuelles, sur le vrai, le bien et le beau, n'est nullement la préparation à des examens « officiels » pour lesquels, nous le savons, l'auteur n'a jamais témoigné que la plus médiocre estime. Ce n'est pas principalement non plus la préparation aux diplômes d'instruction et d'éducation « catholiques » si opportunément établis pour les jeunes filles, d'après d'excellents programmes, dans l'archidiocèse de Cambrai. Mais, nous aimons à le répéter, c'est la préparation d'âmes élevées et fortes, de cœurs robustes et délicats, aux graves devoirs de cette vie et aux admirables destinées de l'autre.

La méthode et le style du dévoué professeur ont réussi à éclairer d'une vive lumière, et même à couvrir de fleurs aimables, ce que ce titre de Notions de psychologie semblait annoncer d'obscur et d'aride.

C'est ainsi, sans doute, que l'angélique Thomas d'Aquin, encore étudiant et novice, enseignait à ses jeunes sœurs, éprises des vanités mondaines, la philosophie et la théologie saintes pour l'amour desquelles il subissait la dure captivité du donjon paternel. Que son très heureux et très enviable succès, — car de ses sœurs il fit des chrétiennes dignes de lui, — couronne le travail et le zèle de M. Salembier : ce sera pour nous-même une agréable récompense.

Dʳ Jules Didiot.

Faculté de Théologie de Lille.

21 juin 1890.

NOTIONS

DE PSYCHOLOGIE

CHAPITRE PRÉLIMINAIRE

« Je voudrais qu'il existât une philosophie à l'usage des
femmes, où les grandes et belles questions de la psychologie, de la théodicée, de la morale, de la logique leur
fussent exposées dans un langage et dans une lumière
appropriés à leur genre d'esprit. »

Tel était le vœu qu'exprimait un jour Mgr Dupanloup. [1]

L'éminent éducateur ne réclamait point pour les
jeunes filles un cours complet et approfondi : il n'aurait pas voulu les lancer dans les profondeurs ou
dans les subtilités de la métaphysique; Fénelon, avec
sa grande expérience, l'aurait interdit comme lui. [2]
Cependant tous deux croyaient, avec les plus grands
éducateurs de la jeunesse, qu'il faut aux femmes une
certaine philosophie, mais qu'il est nécessaire de la
dégager des questions moins pratiques et des difficultés trop ardues. Il est très utile aux jeunes per-

1. *De la Haute Éducation intellectuelle*, t. III, p. 622 (1866).
2. Fénelon, *Éducation des Filles*, ch. vii. — Mme de Lambert,
Avis d'une mère à sa fille.

1

sonnes arrivées au terme de leur éducation, d'avoir
« des clartés sur tout » et principalement quelques
notions exactes sur une étude qui couronne toutes les
autres.

Tout d'abord, c'est la philosophie qui leur appren-
dra comment toutes les autres sciences se forment et
pourquoi elles s'imposent à notre esprit. En effet, dit
Fénelon, les notions philosophiques rendent « clair et
sensible ce que la jeune fille entend et ce qu'elle dit
tous les jours ». [1] Elle vient donc compléter toutes les
connaissances déjà acquises.

Mais la philosophie n'est pas seulement la science
qui couronne toutes les autres ; elle constitue encore
pour l'esprit la plus forte des disciplines et, pour la
pratique de la vie, la plus utile des habitudes. Elle
enseigne en effet la manière de raisonner solidement,
d'employer une méthode rigoureuse et de discerner un
argument juste d'un pur sophisme ; elle apprend à savoir douter de soi et à demander à l'occasion un profitable conseil. Aussi Fénelon [2] et Mme de Maintenon [3]
voulaient-ils que, dans l'éducation, on menât surtout
les jeunes filles par la raison. Après ces grands maîtres, tous les éducateurs sérieux cherchent à former
des têtes bien faites, plutôt que des têtes bien pleines.
Et cependant, que de programmes, très à la mode
aujourd'hui, s'occupent plutôt à saturer l'esprit qu'à
l'élever véritablement ! Ne semble-t-il pas qu'on ait à
cœur de faire de nos jeunes filles de pesantes et inutiles
encyclopédies ? N'arrive-t-on pas ainsi à l'unique
résultat « de bouffir l'intelligence et non de la rem-

1. Fénelon, *Ibid.*
2. Fénelon, *Education des Filles*, III. — Cf. Mgr Dupanloup,
Conseils aux jeunes gens sur l'étude de la philosophie, 1872, préface.
3. *Lettres et entretiens*, t. I, p. 26.

plir, de meubler l'âme au lieu de la forger, de rendre la souvenance assez pleine et de laisser le jugement entièrement creux, » pour employer les termes de Montaigne? [1]

C'est un but tout contraire que doivent atteindre les jeunes personnes sérieuses; c'est une fin bien plus haute que se proposent les institutrices chrétiennes. Puisqu'elles sont institutrices, elles doivent avoir quelque connaissance de la psychologie; car, de l'avis de tous, la vraie psychologie est la base nécessaire de la pédagogie, c'est-à-dire de la culture harmonieuse et complète des facultés de l'âme. Puisqu'elles sont chrétiennes et qu'elles veulent donner une éducation conforme à leurs croyances, n'est-il pas utile que leurs élèves soient mises au courant des questions fondamentales qu'on doit résoudre dans toute éducation religieuse? N'est-il point important qu'elles connaissent les bases rationnelles de notre foi, qu'elles n'ignorent pas ce que veulent dire ces mots : *Verbe, âme, facultés, matière, forme, substance, nature, personne,* etc..., mots empruntés tous à la langue philosophique? Pénétrer plus avant dans l'intelligence de ces formules, c'est reculer d'autant en leur esprit les limites de la science sacrée. De plus, la véritable philosophie apprend à résoudre toutes les objections qui proviennent de sophismes, de raisonnements parfois subtils, mais toujours faux.

Est-il pourtant nécessaire d'avoir des notions complètes sur la philosophie tout entière? Faut-il qu'un ouvrage destiné surtout à des jeunes filles embrasse toutes les parties de cette science si vaste? Nous ne le croyons pas.

1. *Essais,* liv. I, ch. **xxix.**

Voici en effet la division de la philosophie telle qu'on la donne habituellement.

1° **Logique**, art de raisonner.

2° **Métaphysique**
- générale ou ontologie, science de l'être.
- spéciale
  - cosmologie, science du monde.
  - psychologie, science de l'âme.
  - théologie naturelle, science de Dieu au point de vue purement naturel.

3° **Morale.**

Notre manuel, s'il veut rester pratique, ne saurait embrasser tout l'ensemble de la science philosophique. Les jeunes filles ont étudié en classe d'instruction religieuse la théologie naturelle et surnaturelle ainsi que la morale catholique. L'ontologie et la cosmologie paraissent présenter pour elles beaucoup moins d'utilité. Que leur reste-t-il donc, sinon de s'appliquer principalement à la psychologie, à l'étude de leur âme?

Qu'y a-t-il de plus intéressant en effet, après l'étude de Dieu et de la religion, que l'étude de l'âme humaine? que de voir analysées dans les classes ou dans les livres ces facultés que l'on possède en soi-même et que l'on doit exercer sans cesse en les élevant pour mériter le ciel?

Un homme d'esprit disait : « Combien de gens, grands voyageurs, qui ont fait le tour du monde et qui meurent sans avoir seulement fait le tour d'eux-mêmes, sans connaître leur âme, ses facultés, ses rapports avec le corps qu'elle anime ! »

Une plume de talent a écrit le *Voyage autour de ma chambre*. Nous voudrions que ce petit volume pût être intitulé : Voyage autour de mon âme.

S'il fallait invoquer comme témoins les païens eux-mêmes, nous rappellerions qu'ils jugeaient déjà cette connaissance de l'âme assez essentielle pour en inscrire la formule, en lettres d'or, au fronton du temple de Delphes. Pythagore d'ailleurs en avait fait le premier précepte de sa philosophie. N'ajoutaient-ils pas : « cette maxime : *Connais-toi toi-même*, est descendue du ciel » ? [1] Et l'Ecriture sainte fortifie tous ces témoignages de cette grande parole que nous avons choisie pour épigraphe : *Là où n'est point la science de l'âme, il n'y a pas de vrai bien?* [2] Or, cette connaissance est l'objet propre de la psychologie.

L'utilité ainsi que le charme de ces études ont été fort éloquemment exprimés par un poète moderne, dans une ode où il s'adresse à l'éminent psychologue français Maine de Biran. [3]

> O Biran, que ne puis-je en un doux ermitage
> Respirant près de toi, la liberté, la paix,
> Cacher ma vie oisive au fond de tes bosquets!
> Que ne puis-je à mon gré, te choisissant pour maître,
> Dans tes sages leçons apprendre à me connaître,
> Et, de ma propre étude inconcevable objet,
> De ma nature enfin pénétrer le secret!
> Lorsque mon âme, en soi tout entière enfoncée,
> A son être pensant attache sa pensée,
> Sur cette scène intime où je suis seul acteur,
> Théâtre en même temps, spectacle et spectateur,
> Comment puis-je, dis-moi, me contempler moi-même
> Ou voir en moi le monde et son Auteur suprême?
> Pensers mystérieux, espace, éternité,
> Ordre, beauté, vertu, justice, vérité,

1. Juvénal, *Sat.* XI.
2. *Prov.* XIX, 2.
3. Né à Bergerac en 1769, mort en 1824, Maine de Biran, parti du sensualisme, arriva à la religion chrétienne, en passant par le stoïcisme. « Le catholicisme l'assit alors dans une foi et dans une paix qui précédèrent de bien peu pour lui la paix de la tombe, » dit Mgr Baunard dans la magistrale étude qu'il lui a consacrée. *Le Doute et ses victimes dans le siècle présent*, 5° édit., p. 54.

Héritage immortel dont j'ai perdu les titres,
D'où m'êtes-vous venus ? Quels témoins, quels arbitres
Vous feront reconnaître à mes yeux incertains
Pour de réels objets ou des fantômes vains ?
L'humain entendement serait-il un mensonge,
L'existence un néant, la conscience un songe ?
Fier sceptique, réponds. Je me sens, je me vois ;
Qui peut feindre mon être et me rêver en moi ?
Confesse donc enfin une source inconnue,
D'où jusqu'à ton esprit la vérité venue
S'y peint en traits brillants, comme dans un miroir,
Et pour te subjuguer n'a qu'à se faire voir. [1]

On nous fera peut-être remarquer que le programme exposé dans ces beaux vers philosophiques, sort des limites relativement étroites de la psychologie. C'est qu'en effet, nous avons l'intention, sans trop nous écarter de notre plan, d'intercaler parfois certaines questions de logique qui forment l'esprit, quelques notions de métaphysique générale qui l'élèvent, et de morale qui le dirigent. Les jeunes personnes auront ainsi une philosophie, élémentaire sans doute, mais qui comprendra tout ce qui peut leur être le plus profitable.

De plus, quoique nous devions considérer la psychologie au simple point de vue naturel, nous ne saurions cependant nous interdire des échappées sur le terrain du surnaturel.

« Les hommes, dit encore Fénelon, n'ont pas assez de force pour suivre toute leur raison... Cette philosophie naturelle, qui irait sans préjugé, sans impatience, sans orgueil, jusqu'au bout de la raison purement humaine, est un roman de philosophie. Je ne compte que sur la grâce pour diriger la raison, même dans les bornes étroites de la raison. » [2]

---

1. Charles Loyson. — Cf. Sainte-Beuve, *Portraits contemporains*, t. III, p. 284.
2. *Sixième lettre sur la religion*, III.

Ce qui est vrai de la philosophie en général l'est aussi de la psychologie.

Nous avons donc besoin de la foi pour éclairer et confirmer nos données purement naturelles.

Enfin, son flambeau surnaturel nous sera fort précieux pour nous montrer les affinités innées et les relations nécessaires qui existent entre l'âme humaine et notre sainte religion. Il leur fera voir comment les vérités surnaturelles pénètrent aisément dans une âme droite, pure et naturellement chrétienne. Les grands docteurs de l'Église, comme saint Augustin, ont suivi cette méthode ; ils ont mêlé leur psychologie naturelle à toutes leurs grandes questions de théologie et de morale divines. [1]

Sans doute, les facultés naturelles resteront l'objet principal de notre étude ; seulement nous montrerons en toute occasion comment elles sont, toujours et partout, agrandies et épurées par les dons de l'ordre surnaturel.

Notre psychologie n'atteindrait pas ce but, si elle était formée du tissu multicolore de mille systèmes opposés, si elle n'était que le triste récit des erreurs et des contradictions philosophiques, qui depuis plus de dix-huit siècles semblent avoir choisi l'esprit humain comme leur victime. Il faut que cette connaissance soit une science naturellement *vraie* pour que la *vérité* religieuse et surnaturelle vienne la pénétrer sans effort. Aussi est-ce la psychologie d'Aristote, renouvelée, complétée et baptisée pour ainsi dire par saint Thomas d'Aquin, que nous exposerons. Nous prendrons soin cependant d'en enlever les épines, les

---

1. *De la psychologie de saint Augustin*, par M. Ferraz, ch. I, p. 4 (1869).

aridités, les termes trop techniques, mais nous nous
efforcerons de nous appuyer toujours sur ses bases
essentielles. Le souverain Pontife, en recommandant
cette philosophie à toutes les écoles catholiques, [1]
nous fait un devoir de ne pas nous écarter de ce qu'elle
enseigne, si nous voulons véritablement servir la
religion et être utile à la jeunesse catholique. Tous
les systèmes qui viennent contredire cette vraie
science des choses supérieures sont faux, nuisibles
ou tout au moins incomplets. C'est à eux que l'on
pourrait appliquer le mot si spirituel de Lessing :
« Dans ces ouvrages, tout ce qui est vrai n'est pas
nouveau; tout ce qui est nouveau n'est pas vrai. »

La philosophie incroyante ne s'entend plus avec
nous, que dis-je? elle ne s'entend plus elle-même.
Ses idées comme ses tendances sont aux antipodes
des nôtres; ses termes sont peu intelligibles quand
elle les invente de toute pièce, ou sont détournés de
leur sens propre quand elle les emprunte à la tradition philosophique; c'est l'anarchie intellectuelle dans
la confusion des langues, c'est Babel.

Puisse le souverain Pontife réunir toutes les écoles
catholiques dans l'unité des idées saines et de la
même langue philosophique et célébrer comme une
nouvelle Pentecôte, qui annonce et prépare des temps
meilleurs!

Puisse l'encyclique magistrale de Léon XIII être
une date dans l'histoire des idées philosophiques!
Puisse-t-elle devenir bientôt le programme universel
de la science chrétienne! Nous serions trop heureux
de contribuer pour notre très humble part à ce grand
résultat, en faisant mieux connaître les pensées

---

1. Encyclique *Æterni Patris*, 4 août 1879.

élevées et les termes si bien appropriés de l'angélique Docteur.

C'est pour atteindre ce but que nous offrons aux maîtresses et aux élèves ces notions de philosophie chrétienne.

Dans ces sortes de traités, peut-être le principal mérite est-il de s'être assuré par soi-même de ce qui est mieux approprié au genre d'esprit des jeunes personnes, aux connaissances qu'elles ont pu déjà acquérir dans le passé, aux occupations qui doivent être les leurs dans l'avenir. C'est ce que nous avons fait, en professant ce cours pendant neuf ans avant de le dédier aux élèves sérieuses qui désirent couronner leur éducation catholique. Il n'est sans doute qu'un résumé succinct qui demande les explications d'un maître, mais notre expérience ne nous permet pas de croire que les vérités exposées dans cet ouvrage soient trop élevées pour l'intelligence des jeunes personnes, ou indignes d'occuper leur attention.

Nous serons trop récompensé si ce livre contribue à faire grandir dans la science comme dans la foi celles à qui il est dédié, s'il parvient à accroître en elles l'estime et l'amour de la religion de Jésus-Christ, le père de nos âmes, le maître de nos intelligences et le roi de nos volontés.

PLAN DU COURS

PREMIÈRE PARTIE

AP. Ier. — HIÉRARCHIE DES ÊTRES, VRAIE PLACE DE L'HOMME.

CHAP. II. — L'HOMME ET SA NATURE ⎰ Élément ⎰ corporel.
⎱ spirituel.
⎱ Union et unité du composé.

SECONDE PARTIE

LIVRE Ier. — DES FACULTÉS SENSITIVES ⎰ Perception.
⎱ Appétit.

LIVRE II. — DES FACULTÉS SPIRITUELLES ⎰ De l'intelligence et de son objet, le vrai.
⎱ De la volonté et de son objet, le bien.

APPENDICE. — DU BEAU ET DE SES MANIFESTATIONS DIVERSES.

CONCLUSION.

PREMIÈRE PARTIE

~~~~~~

CHAPITRE PREMIER

Hiérarchie des êtres, vraie place de l'homme

L'homme, placé comme au centre des êtres créés, se trouve en relation avec Dieu son créateur et avec le monde dont il a été constitué le roi. Nous commençons par étudier ces rapports d'une manière générale.

§ I. — Rapports avec Dieu

Dieu a fait l'homme, il l'a créé à son image, il a daigné être sa récompense, triple relation d'origine, de nature et de fin, qui donne à l'être humain sa physionomie spéciale au milieu de tous les êtres créés.

1° Dans l'ordre naturel, l'homme est la *créature* de Dieu. Donc, il a des devoirs à l'égard de son divin auteur. De ces rapports nécessaires naît la religion qui, comme le mot l'indique, relie l'âme à Dieu, inspire le respect de la divinité et se manifeste par le culte.

Ces relations deviennent plus intimes et plus profondes quand l'homme est élevé à cet ordre surnaturel dont la philosophie reconnaît la possibilité et dont la révélation nous apprend la sublime réalisation.

Il n'est plus seulement alors la *créature* de Dieu, il en est le *fils adoptif*, héritier du ciel et cohéritier de Notre-Seigneur Jésus-Christ. [1]

2° Le Créateur, en produisant l'homme, le fit à son *image*. Si nous considérons la différence que la saine philosophie met entre *l'image* et le *vestige*, nous comprendrons mieux quelle grandeur est renfermée dans ce seul mot. Le vestige n'indique rien autre chose que le simple rapport de cause à effet. Une maison, par exemple, porte l'empreinte de l'architecte qui l'a bâtie, elle dénonce son existence et ses qualités, rien de plus. Les traces laissées par la marche d'une armée sont des vestiges. Il n'y a pas de ressemblance réelle entre l'effet donné et la cause qui l'a produit.

Il n'en est pas de même de l'image, qui implique une certaine ressemblance entre l'auteur et l'objet produit. Elle fait connaître, non seulement la cause, mais encore la nature de la cause. La monnaie de César indique l'empereur qui l'a frappée, et porte en même temps son image.

Dans l'ordre naturel, notre âme est créée à *l'image* de Dieu, puisqu'elle est immortelle et qu'elle est capable de connaître, d'aimer et de se déterminer librement. Notre corps au contraire, comme tout le monde matériel d'ailleurs, n'est que le vestige de la puissance divine. [2]

L'âme d'un homme qui est encore païen, celle d'un enfant qui n'est pas baptisé, portent en elles-mêmes cette ressemblance naturelle avec le Créateur. Elles ont une aptitude naturelle à connaître et à aimer

1. *Rom.* VIII, 17.
2. Saint Thomas, *Somme théologique*, 1re partie, q. XLV, a. 7; q. XCIII, a. 6.

Dieu plus parfaitement, mais cette disposition doit être achevée plus tard par une volonté droite et même élevée, par les sacrements et par la grâce, à un degré supérieur, possédé avant leur chute par nos premiers parents.

« Le vice de notre nature, dit saint Augustin, n'a pas tellement obscurci en nous l'image de Dieu, qu'il en ait effacé jusqu'au moindre trait. » [1] — « Lorsque notre nature a été précipitée par cette grande et terrible chute, ajoute Bossuet, quoiqu'elle ait été presque toute ruinée de fond en comble, il a plu à Dieu néanmoins que l'on vît, même parmi ses ruines, quelques marques de la grandeur de sa première institution : comme dans ces grands édifices que l'effort d'une main ennemie ou le poids des années ont porté par terre; quoique tout y soit désolé, les ruines ou les masures respirent quelque chose de grand, et au milieu des débris, vous remarquez un je ne sais quoi qui conserve la beauté du plan, la hardiesse et l'ordre admirable de l'architecture. » [2]

Mais si cette âme vient à être élevée par le baptême à l'ordre surnaturel, la grâce, qui ne détruit pas la nature, mais qui la perfectionne, lui donne des traits plus profonds de ressemblance avec son divin Rédempteur. Cette similitude est poussée au plus haut degré de perfection par la gloire, qui n'est autre chose que la grâce achevée et inamissible. La première de ces images se trouve dans tous les hommes, la seconde existe dans les justes, tandis que la troisième ne se rencontre que chez les bienheureux. [3]

Bossuet va plus loin, après saint Augustin et saint Thomas; il nous affirme que l'âme humaine est l'image, bien que très imparfaite, de la Trinité divine et que nous portons en nous comme une trinité créée,

1. *De spiritu et littera*, n° 48.
2. *Troisième sermon pour la fête de Pâques*, 3° p.
3. *Somme théologique*, 1re partie, q. xciii, a. 4.

représentation de l'incréée. Nous sommes, nous entendons, nous voulons. L'être, source de toute opération représente le Père, l'intelligence est le Fils, la volonté le Saint-Esprit, lien éternel et parfait du Père et du Fils, procédant de l'un et de l'autre [1]

Souvenons-nous toutefois que la seule image parfaite de Dieu est le Verbe, splendeur de la gloire du Père et figure de sa substance, lumière de lumière et vrai Dieu de vrai Dieu. De plus, cette image de la Trinité divine n'aurait jamais pu être trouvée par nous, si cet auguste mystère ne nous avait été révélé.

3° Ensuite l'homme va à Dieu comme à sa *fin* et à sa *récompense*. Le Créateur s'est proposé lui-même à l'humanité comme le *but* suprême de ses efforts et la rémunération éternelle de ses sacrifices. Aucune fin plus haute et plus digne ne pouvait être montrée à l'âme humaine. Mais ici encore le but surnaturel que le chrétien ne doit jamais perdre de vue l'emporte infiniment sur la fin purement naturelle.

« En effet, ce n'est pas seulement à une connaissance plus ou moins obscure de sa nature divine, ce n'est pas à une jouissance plus ou moins éloignée de son infinie bonté, ce n'est pas à une participation très faible et très imparfaite de sa gloire et de son bonheur, que Dieu convie le chrétien fidèle. La morale révélée a un autre ciel à nous montrer et à nous donner : c'est le ciel même de Dieu qu'elle nous ouvre ; c'est l'essence de Dieu vue et possédée comme Dieu la voit et la possède lui-même, qui est le trésor immense offert à notre espérance ; c'est la splendeur même et la joie de Dieu qui nous sont données comme terme de notre légitime ambition ; c'est la résurrection glorieuse de notre corps ; c'est la transfiguration radieuse de

---

1. Cf. Saint Augustin, *de Trinitate*, XIV, 12 et passim. — Saint Thomas, *Somme théol.*, q. XCIII, a. 5 et suiv., Bossuet, *Elévations sur les mystères*, 2° semaine, 4° éléy. et suiv.

notre âme; c'est le bienheureux envahissement de notre
esprit par la lumière éternelle, de notre cœur par le torrent de la très pure et très enivrante volupté divine; c'est
Dieu en nous et nous en lui, dans son héritage et dans son
royaume, avec son fils Jésus-Christ Notre-Seigneur, avec
ses anges et ses saints pour jamais. » [1]

§ II. — Rapports avec le monde

1° L'homme, placé aux confins du monde spirituel
et de l'univers matériel, est comme un *résumé* de la
création tout entière. Dieu, en effet, a créé tout ce qui
existe pour manifester sa puissance et sa bonté. Il a
montré sa puissance en jetant sur le monde et dans
l'espace des milliers d'êtres animés ou inanimés, qui
le peuplent et qui l'ornent, et en plaçant dans chacune
de ces myriades d'existences une activité propre, reflet
de la *puissance* divine. Il a manifesté sa bonté, non
seulement en permettant à tous ces êtres de prendre
part au banquet de la nature, mais en faisant briller
en eux comme un reflet de la *bonté* du Créateur. [2]

L'homme résume toute la création. Il a l'être comme
la pierre, le développement matériel comme le végétal, la sensibilité comme l'animal. [3] Il a de plus l'intelligence comme les esprits supérieurs.

Dieu ayant bâti l'univers pour être le temple de sa
majesté, a mis l'homme au milieu comme un petit
monde dans le grand monde. [4]

Puisque Dieu a créé l'univers pour manifester ses
attributs, il aurait paru manquer son but, s'il n'avait
point placé aussi, au milieu de ces merveilles, un

1. Dᵣ J. Didiot, *Principes de morale catholique*, p. 59.
2. *Gen.* I, 10, 18, etc.
3. Saint Thomas, *Somme théol.*, 1ʳᵉ partie, q. xcvi, a. 2. — Saint
Augustin, *Ad Oros.*, VIII.
4. Bossuet, *Troisième sermon pour le jour de Pâques*, 1ʳᵉ p.

être capable de les admirer et d'en aimer l'auteur, un être doué d'intelligence pour comprendre la puissance infinie et de volonté pour être touché de la bonté suprême. De là, la nécessité relative de la création de l'homme. Les idées que cette créature privilégiée conçoit de cette puissance et de cette bonté infinies, forment dans son être un monde idéal, qui résume en l'embellissant tout l'univers créé et qui glorifie le Créateur.

2° C'est parce que l'homme peut seul sur la terre comprendre la grandeur de l'œuvre créatrice et apprécier la bonté suprême, qu'il est chargé de remercier le souverain Maître et de l'adorer pour le monde tout entier. Cette mission le sacre *prêtre*. C'est lui qui est chargé de chanter, au nom de tout l'univers sensible, l'hymne de l'admiration et de la reconnaissance, c'est lui seul qui a l'honneur de traduire en langue articulée le cantique universel. C'est lui enfin

> Qui, donnant un langage à toute créature,
> Prête pour adorer son âme à la nature. [1]

Nécessaire médiateur, il représente Dieu auprès des êtres inférieurs et il est chargé de conduire ces mêmes créatures à leur fin naturelle.

Ici encore le chrétien élevé à l'ordre surnaturel nous transporte dans une sphère bien supérieure. Il ne reflète pas seulement toutes les merveilles de la nature, mais il voit éclater en lui toutes les gloires du rachat divin.

Dans la société immense des rachetés, le prêtre a mission d'adorer et de louer Dieu au nom de ses frères. Il n'est cependant que le représentant du prêtre

---

[1]. Lamartine, *Méditations poétiques*, t. Iᵉʳ, xvi.

par excellence, du premier prêtre, Notre-Seigneur Jésus-Christ. C'est en son nom qu'il parle, c'est par lui qu'il procure l'honneur suprême au Père céleste, et qu'il répand sur le monde les bienfaits de l'universelle rédemption. Placé pour ainsi dire aux confins du monde visible et du monde invisible, il est l'homme de Dieu à l'égard du peuple et l'homme du peuple par rapport à Dieu.

<hr />

CHAPITRE II

L'homme et sa nature

§ I. — Élément corporel

Pour bien comprendre ce qu'est le corps humain, il importe de se rendre compte des diverses espèces de corps et de savoir en quoi ils diffèrent.

Les êtres naturels se divisent en deux grandes catégories, les corps *bruts* ou *inorganiques*, et les corps *vivants* ou *organisés*.

Les premiers restent immobiles en l'état qu'ils reçoivent d'abord, si aucune cause extérieure ne vient les modifier; les seconds au contraire se développent selon leur espèce sous l'influence de leur nature propre, en vertu d'un principe intrinsèque et vital. Tandis que les premiers ont une existence indéfinie quant au temps, les seconds sont renfermés dans certaines limites, quelquefois très étroites, fixées par leur essence même.

On pourrait sans doute trouver d'autres différences,[1]

1. Liberatore, *Du composé humain*, ch. II, a. 1er. — Cf. Saint Grégoire de Nysse, *De la création de l'homme.*

mais celles-ci semblent suffisantes pour montrer combien un corps vivant diffère de celui qui n'a pas la vie.

D'un autre côté, la vie a ses degrés. Tandis que la vie *végétative*, telle que nous la voyons dans la plante, est tout entière concentrée en elle-même et n'a que les fonctions de nutrition et d'augmentation, les animaux entrent en communication avec les autres êtres par la sensation et aussi le plus souvent par le mouvement; ils possèdent ce que l'on appelle la vie *sensitive*, la vie de relation, bien inférieure à la vie intellectuelle dont jouit l'homme. Ils ont des nerfs pour la sensation, des nerfs et des muscles pour le mouvement, double supériorité qui les place, dans l'échelle des êtres, à un degré bien plus élevé que les simples végétaux. Cependant tout ce qui traite des fonctions des êtres vivants, végétaux ou animaux, est l'objet de cette science qui se nomme la *physiologie*.

Mais une différence bien plus considérable sépare le corps de *l'homme* de celui de l'animal. Nous ne recommencerons pas, après Fénelon [1] et tant d'autres, [2] la description purement physiologique du corps humain. Disons seulement que son système nerveux et musculaire est plus parfait; que seul l'homme est capable d'industrie et possède le don de la parole. Son corps est bien supérieur à celui des animaux. « C'est une boue, dit Fénelon, mais une boue travaillée de main divine. » [3] Les anatomistes, qui ne s'inquiètent que du cadavre, ont remarqué dans le corps humain quinze millions de combinaisons

1. *Traité de l'existence de Dieu*, 1re partie. — *Première lettre sur la religion*, ch. II.

2. Bossuet, *de la Connaissance de Dieu et de soi-même*, ch. II, 2 et suiv., ch. IV. 2. — Cf. Monsabré, 1875, 16e et 17e *conf.*, Desdouits, *L'Homme et la création*, ch. XXXVI.

3. *De l'Existence de Dieu*, 1re partie.

diverses, qui toutes montrent un dessein voulu et suivi de la part du Créateur. Les philosophes chrétiens, qui s'occupent surtout du corps dans ses rapports avec l'âme, font en outre remarquer que l'âme raisonnable donne au fils d'Adam sa supériorité incomparable, c'est elle qui met sur la face humaine le sceau de la ressemblance divine; c'est comme l'anneau qui réunit le monde des corps au monde des esprits.

Les impies d'aujourd'hui accusent souvent l'Église de dédaigner le corps pour ne s'occuper que de l'âme. Sans doute la religion met l'âme bien au-dessus de l'enveloppe mortelle dont elle est revêtue; mais elle s'efforce d'entourer d'honneurs après cette vie le cadavre du chrétien, jusqu'à ce qu'elle le confie à la terre sacrée d'un cimetière bénit. C'est en effet par le moyen du corps et de ses sens que l'âme a reçu la grâce des sacrements, après avoir accepté par l'ouïe le don premier de la foi. [1] Le corps a eu sa part dans beaucoup d'opérations surnaturelles, comme il participe naturellement à presque tous les actes de l'esprit. Et un jour ce terrestre compagnon de l'âme immortelle ressuscitera pour être éternellement heureux avec elle, s'il a partagé généreusement ici-bas ses peines et ses sacrifices. Alors le corps humain s'immatérialisera pour ainsi dire, lorsqu'il sera revêtu des dons glorieux; la grossière chrysalide deviendra papillon.

« Ne vous apercevez-vous pas, dit Dante, le théologien poëte, que sur la terre nous sommes des vermisseaux, mais que nous sommes nés pour former le papillon angélique, dont le vol s'élance vers la Justice incréée? » [2]

1. *Rom.* x, 17.
2. *Divine comédie, Purgatoire,* chant Xᵉ. — Cf. *Paradis,* ch. XIV, et Bossuet, *Sermon sur la résurrection des corps.*

§ II. — Élément spirituel

La vie à tous ses degrés a son principe et sa source dans l'âme. [1] A la vie végétative des plantes correspond l'âme végétative; à la vie supérieure des animaux correspond l'âme sensitive ou l'âme des bêtes, essentiellement différente de celle de l'homme. C'est par cette âme que les animaux supérieurs, doués d'une sensibilité plus grande, agissent d'une manière évidemment intentionnelle; c'est elle qui est le principe de leurs imaginations, de leurs souvenirs; c'est elle qui leur permet d'arriver par l'éducation à certaines habitudes d'adresse. Cependant cette âme ne survit pas au corps qu'elle anime, et disparaît quand les parties matérielles du corps deviennent impuissantes à la retenir.

La nôtre, au contraire, ne dépend point de la matière quant à son origine, puisque cette origine est divine. Elle est en elle-même *spirituelle*, parce qu'elle est capable de fonctions essentiellement distinctes d'un organisme matériel. En effet, toute opération est proportionnée à l'être qui la produit; or, l'homme fait des opérations qui sont essentiellement spirituelles et qui ne sauraient en aucune façon être attribuées au corps. Donc, l'homme possède en lui-même un principe supérieur à la matière, qui est l'âme.

Il n'est pas difficile de prouver que certains de nos actes ne peuvent être produits par la matière. Prenons pour exemple l'idée de l'universel. Nous parvenons à saisir l'essence de certains individus, ainsi

1. Van Weddingen, *Eléments raisonnés de la religion*, p. 396.

nous percevons l'idée de l'humanité subsistant également dans les races les plus diverses et dans les types
les moins ressemblants de l'espèce. Les sens ne peuvent nous donner que des notions individuelles, iso-
lées, concrètes; il faut donc qu'il y ait en nous un
principe spirituel qui nous apporte cette idée de l'u-
niversel; c'est ce principe que nous appelons l'âme.
De plus, d'où pourraient nous venir ces notions
morales si souvent opposées aux instincts corporels?
ce remords quand nous avons mal fait, cette joie de
la conscience quand nous avons bien agi? De quel
principe procède cette soif du vrai, du bien, du beau,
que tous les hommes trouvent en eux, sinon de
l'âme spirituelle? La matière sera toujours incapable
de les produire, car quoi qu'en disent les matérialistes, il y a, entre elle et la pensée, non pas une différence de degré, mais pleine opposition de nature.

L'âme spirituelle est aussi *simple*, car tout ce qui est
esprit, à quelque degré que ce soit, est nécessairement simple, c'est-à-dire qu'il n'est pas composé de
parties et ne saurait être divisé. Enfin, à cause de sa
simplicité même, l'âme est *immortelle*. En effet, la
mort n'arrive que par décomposition de parties et
l'âme simple n'en a point. Elle pourra se dégager un
jour de l'élément temporaire et matériel auquel elle
est associée durant l'existence actuelle; mais elle ne
périra pas. D'ailleurs la tendance native des êtres,
dit saint Thomas, ne saurait être vaine et par sa
nature, l'homme aspire à exister sans terme. [1]

« Dans l'accablement de ce corps de mort, ajoute
Bossuet, l'humilité chrétienne ne médite que des
pensées d'immortalité. » [2] Sans doute Dieu pourrait

---

1. *Somme contre les Gentils*, l. II, c. 79, 4b.
2. *Troisième sermon pour le jour de Pâques*, 3e partie.

l'anéantir, s'il le voulait; mais il ne le fera pas, car sa bonté le porte à créer et à conserver, et non pas à annihiler ou à détruire.

On nous dira peut-être : mais puisque l'homme croît, il est animé par l'âme végétative ; puisqu'il sent, il possède l'âme sensitive ; puisqu'il comprend, il a aussi l'âme intellective; nous trouvons donc en lui trois âmes différentes de nature et de dignité, dont chacune préside *séparément* à diverses fonctions.

Nous répondons : quand l'âme intellectuelle de l'homme commence à donner au corps humain sa forme substantielle, elle concentre en elle seule toutes les fonctions de la vie végétative et de la vie sensitive. Il n'y a pas en nous trois âmes dont chacune présiderait *séparément* à diverses fonctions, il n'y en a qu'une seule, qui est l'âme intellective. L'homme n'est pas formé par l'agrégation de trois substances, d'une plante, d'un animal et d'un être raisonnable : il n'est qu'une seule essence, capable cependant des différentes fonctions qui sont propres aux trois degrés de la vie. C'est son âme qui maintient toutes les parties en unité d'être et d'énergie vitale.

Nous étudierons plus tard en particulier chacune des facultés de l'âme. Contentons-nous de remarquer ici comment une fois encore l'ordre surnaturel se superpose harmonieusement à l'ordre naturel, dans les deux puissances de l'âme humaine, dans l'intelligence et dans la volonté.

1° L'intelligence a pour objet *le vrai*, elle éprouve spontanément un attrait involontaire vers la vérité naturelle ou surnaturelle qui lui est proposée comme fin. Pour atteindre ce double objet, les moyens sont nombreux. Nous arrivons à connaître les êtres, d'abord par les lumières de la *raison*, qui nous permet de comprendre tout ce qui ne dépasse pas notre portée intellectuelle. Puis, dans l'ordre surnaturel, la *foi* nous découvre des horizons plus larges dans une lumière plus divine. Elle ajoute à la raison des moyens d'action bien plus grands que le télescope n'en ajoute à l'œil humain.

De plus, le chrétien est aidé par des *grâces* spéciales d'*intelligence*, que viennent augmenter encore les quatre *dons* du Saint-Esprit qui se rapportent à l'intelligence, je veux dire les dons de sagesse, d'intelligence, de conseil, de science. Ceux-ci rendent l'opération surnaturelle plus facile et en même temps plus prompte ; ils sont comme l'huile dans les rouages d'une puissante machine. Enfin, dans l'autre vie, la *lumière de gloire* viendra récompenser et couronner toutes ces opérations. Plus nous aurons compris et pratiqué sur la terre les vérités de la foi, plus notre esprit, soutenu par la lumière éternelle, jouira de ces vérités divines dont la contemplation fait déjà le bonheur des anges et des élus.

2° La volonté, qui a pour objet *le bien*, se développe d'une façon parallèle. L'amour et la recherche de ce qui est bon sont naturels en nous, comme l'amour et l'attrait pour tout ce qui est vrai.

Nous allons au bien par une sorte d'instinct ; quand nous faisons le mal, c'est que, pour un moment, et à cause d'une inclination mauvaise, il se montre comme bien à nos yeux déçus ; [1] c'est qu'il nous séduit par une apparence trompeuse. Lorsqu'une personne ment,

---

1. S. August. *Enarr. in psal. CII*, 8. — Saint Thomas. *Somme théologique*, 1re partie, q. XIX, a. 9 ; — q. LXXXII, a. 2 ; — 1re, 2e, q. VI, a. 4 ; — q. VIII, a. 1 ; — q. XVIII, a. 4, etc.

par exemple, elle sait qu'elle fait mal, mais elle veut
par ce moyen arriver à un but qu'elle recherche parce
qu'il lui semble bon.

Nous cherchons le bien partout ici-bas, mais tout
ce que peut nous présenter ce monde est partiel, relatif et passager. Nous sommes sur la terre pour la
vertu et non pour le bonheur. Or, l'âme tend à un
bonheur parfait, absolu et éternel, capable de satisfaire toutes ses aspirations légitimes. Il faut que ces
désirs soient accomplis un jour; si l'auteur de notre
nature avait mis en nous des appétits destinés à rester
toujours inassouvis, il aurait créé, en nous faisant, un
être essentiellement et nécessairement malheureux,
ce qui est impossible. [1]

L'homme, pour atteindre son but final et suprême,
a sa volonté. Mais s'il est chrétien, des *grâces* spéciales viennent aider sa fidélité volontaire aux préceptes révélés. Les trois *dons* du Saint-Esprit qui
perfectionnent la volonté, c'est-à-dire la force, la piété
et la crainte de Dieu, ajoutent leur influence à ces
énergies naturelles et surnaturelles.

Enfin, au ciel, notre volonté sera soutenue par la
gloire avec d'autant plus de force que l'âme se sera
montrée plus vaillante et plus dévouée à accomplir la
loi divine pendant la vie mortelle. Elle jouira de Dieu
dans une joie et un repos qui ne finiront jamais. Nous
voyons ainsi comment la grâce, gloire déjà commencée sur la terre, se superpose à la nature et à
chacune de ses puissances. Nous saisissons comment
la gloire, qui n'est autre chose que la grâce achevée,

---

1. C'est ce que le P. Gratry a éloquemment démontré dans une
page qui a pour titre : *Les tendances aboutissent.* (*Logique,* introd.,
p. cxxxvii.) Pourtant il faut se défier en général des expositions
plus brillantes que solides du célèbre oratorien.

vient récompenser et couronner, dans chaque ordre,
nos facultés naturelles, selon l'usage que nous en
aurons fait ici-bas.

C'est pour ne point vouloir admettre ces vérités
surnaturelles que les païens d'autrefois et les rationalistes paganisés d'aujourd'hui ont été et sont encore
profondément malheureux sur cette terre, parce
qu'ils sentent en eux des aspirations que ce monde
ne saurait satisfaire. Les plaisirs, les richesses et
tout ce qu'ils jettent dans l'abîme de leur cœur, ne
peuvent le remplir et ne servent qu'à en manifester
la profondeur. L'âme chrétienne, créée par Dieu et
pour Dieu, possède tout ce dont elle a besoin pour
arriver à son but surnaturel, pourvu qu'elle ne soit
ni desséchée par l'orgueil ni flétrie par la corruption. La plante divine ne saurait germer sur la pierre
ou dans la boue. Il lui faut un cœur détaché et pur
pour qu'elle puisse naître et grandir.

§ III. — De l'union de l'âme et du corps, et de l'unité du composé humain.

*Deux systèmes erronés ont été proposés sur cette question
qui est l'une des plus graves de la science psychologique.*

a) Les uns n'accordent presque rien au corps. Pour
eux, c'est la prison de l'âme, c'est une guenille grossière, un fourreau de vil prix, ou je ne sais quelle
gangue ignominieuse dans laquelle l'esprit est ren-
fermé. Ou bien encore, c'est un simple instrument
mis à la disposition de l'âme. Platon autrefois, Malebranche [1] et de Bonald [2] dans les âges modernes, ont

1. *De la Recherche de la vérité*, t. III, Éclairciss. 15.
2. *Recherches philosophiques sur les premiers objets des connaissances
morales*, t. Ier, ch. v.

admis cette théorie, qui peut paraître séduisante au premier abord, mais qui ne saurait être adoptée. C'est ainsi que de Bonald a défini l'homme : *une intelligence servie par des organes*.

Ce système détruit l'union substantielle qui doit exister entre l'âme et le corps, et brise cette unité de composition par laquelle les deux parties ne font plus qu'un seul être. Il n'y a pas dans l'homme d'abord l'esprit, puis l'instrument dont l'esprit se sert ; il n'y a pas une union accidentelle, comme celle d'un ouvrier avec sa pioche ou son rabot, mais il existe un véritable composé humain.

b) Les matérialistes ont trouvé moyen de résoudre le problème à leur façon en supprimant l'un de ses termes. Pour eux l'âme, telle du moins que nous l'entendons, n'existe pas. Lucrèce dans l'antiquité, puis dans les temps modernes Helvétius († 1771), Cabanis († 1808), Broussais († 1838), avec plusieurs philosophes anglais ou allemands, ont défendu ces dégradantes opinions, qui conduisent à l'athéisme, quand elles n'osent pas le professer ouvertement.

Lorsque les matérialistes de notre siècle parlent de l'âme, ils ne la définissent pas comme nous. *L'âme*, disent-ils, *est l'ensemble des fonctions du cerveau et de la moelle épinière*. Et « l'âme est le résultat des fonctions encéphaliques, d'après le dogme scientifique actuel qui n'admet ni propriété ou force sans matière, ni matière sans propriété ou force, tout en déclarant ignorer absolument ce que c'est en soi que force et matière ». [1] Selon eux, l'âme est un mot commode pour le discours, destiné à tromper les simples, mais vide de sens au fond.

---

1. *Dictionnaire de médecine* de Littré et Robin, au mot *âme*. Édit. 1873, p. 54. — Em. Ferrière, *La Vie et l'âme*, 1 vol. in-18, 1888. — Cf. Mgr Dupanloup, *l'Athéisme et le péril social*, p. 88 (1866).

Voilà donc une définition de l'âme qui ne s'accorde en rien avec la nôtre. Elle nous est donnée comme un dogme par des hommes qui rougiraient d'admettre nos mystères chrétiens ; elle nous est présentée comme la dernière expression de la science par des savants ou prétendus tels, qui se servent des mots *matière* et *forme*, tout en avouant qu'ils ne sauraient comprendre le sens de ces termes. On leur répond facilement en leur faisant remarquer que de l'ensemble des fonctions matérielles, il ne saurait sortir quelque chose qui dépasse la matière ; ni connaissance, ni volonté, ni liberté, ni affection.

Dans ce système, l'union de l'âme et du corps est sans doute très intime, mais l'âme, telle qu'ils l'entendent, procède du corps, ne peut s'en séparer et meurt avec lui. On le voit, le positivisme, qui nous donne ici l'une de ses formules fondamentales, n'est autre chose qu'un matérialisme grossier, à peine déguisé sous une certaine apparence scientifique. Nous ne voulons point parler de ces philosophes qui attribuent à l'âme comme au corps de l'homme une origine simienne. On peut appliquer à ce système dégradant, comme à un certain nombre de théories modernes, le mot de Bonald : « Toute la science de plusieurs philosophes n'est que l'art de se passer de religion. »

c) La vérité catholique est aussi éloignée des nuages d'en haut que des fanges d'en bas. L'Église a pensé que cette théorie était assez importante pour être l'objet d'une définition formelle. Elle a déclaré au Concile de Vienne (1312), par la voix de Clément V, que *l'âme est la forme substantielle du corps.* [1] Cette for-

1. Clementinæ, De summa Trinitate et fide catholica, tit. I, *Fidei catholicæ.*

mule célèbre a été confirmée par Léon X, au quatrième Concile de Latran (1513)[1] et renouvelée de nos jours par Pie IX dans sa lettre à l'archevêque de Cologne (1857).[2] Il serait donc anticatholique de combattre cette définition.

Que signifie-t-elle au point de vue philosophique? Qu'est-ce que cette forme substantielle? *C'est le principe qui communique le fond même de l'être au sujet. L'être qui vient à acquérir cette forme arrive à l'existence, l'être qui la perd n'existe plus et se corrompt aussitôt.*[3]

Donc, l'âme entrant dans le corps et s'unissant à lui, lui communique l'être humain. Dans l'homme, l'intelligence est tellement unie à la matière, qu'elle ne forme plus qu'un seul être avec elle. Employons deux comparaisons, insuffisantes à coup sûr, mais utiles néanmoins, pour mieux comprendre cette mystérieuse union. La première sera empruntée à l'ordre matériel et l'autre à l'ordre spirituel. Je me représente le pape Clément XIV, debout devant la fameuse statue de saint Bruno que l'on admire à la Chartreuse de Notre-Dame-des-Anges à Rome. Le Pontife s'écrie : « Il parlerait, si sa règle ne l'empêchait. » Qu'est-ce donc qui a frappé le Pape? Est-ce le côté matériel de la statue? Est-ce le marbre sorti de la carrière? Non, c'est la forme, accidentelle il est vrai, mais magnifique dont le génie de l'artiste l'a revêtue; et la beauté du buste résulte de l'union de cette matière brute avec cette forme idéale.

Dans l'ordre spirituel, vainement j'appliquerais la matière du baptême, inutilement je verserais l'eau

---

1. Sess. VIII, can. *Apostolici regiminis.*
2. Litteræ apost. ad Card. Geissel.
3. S. Thomas, Quæst. disp. *de anima.* — *Somme théol.*, 1re partie, q. LXXVI, a. 4.

sur la tête de l'enfant; tant que je n'aurai point pro-
noncé les paroles de la forme, il n'y aura point de
sacrement. Quand, au contraire, j'aurai ajouté la
forme à la matière, il y aura vrai baptême.

On le voit, l'*homme est la résultante de l'union substantielle d'une âme avec un corps.* C'est à cause de cela
qu'il doit être philosophiquement défini : *un animal
raisonnable.* [1] Le mot : *animal* constitue le genre commun, tandis que la différence spécifique est marquée
par le terme : *raisonnable.* L'homme se rapproche de
l'animal par la vie végétative et sensitive ; il s'en
distingue par l'âme intelligente, qui est en lui, nous
l'avons vu, la source de la vie et de la sensation,
aussi bien que de la pensée et du raisonnement.

Par suite de cette union si étroite l'homme est
un. L'âme n'est pas semblable à un pilote sur son
navire ou à un mécanicien sur sa locomotive ; et si
nous voulons des preuves de cette union si intime
comme de l'unité du composé humain, la science
expérimentale nous les fournit tous les jours. Un
homme reçoit une lettre qui lui annonce la mort de
son père. La vue seule, l'organe corporel est frappé
tout d'abord ; mais l'âme a compris la valeur de ces
caractères, elle se trouble, s'agite, le cœur ne se con-
tracte plus assez énergiquement, il cesse d'envoyer le
sang jusqu'au cerveau ; le fils affligé tombe en syncope.

D'un autre côté, ne voyons-nous pas tous les jours,
que l'excès dans les actes végétatifs, que l'intempé-
rance, par exemple, rend moins propre aux exercices

---

1. Cette définition se rencontre déjà dans saint Augustin,
Serm. XLIII, c. 2 (Edit. Migne, vol. V) ; *De ordine*, l. II, c. XI. —
Cf. Saint Thomas, *Somme théol.*, q. LXXXV, a. 6 ad 3 et passim.

de l'esprit ? qu'un jeûne trop prolongé exerce aussi un
effet analogue ? On le sent, il y a action de l'âme sur
le corps et réaction du corps sur l'âme. Il est d'expérience aussi que la complexion corporelle peut exercer une influence réelle, mais non fatale, sur l'âme.
Le tempérament *lymphatique* est presque toujours l'indice d'une intelligence peu élevée, d'une mémoire in-
fidèle, d'une imagination froide, d'un caractère sans
vivacité ni énergie ; il répugne aux travaux de l'esprit
comme aux exercices du corps. Le tempérament *san-
guin* au contraire donne à l'âme une intelligence aisée
et libre, une mémoire heureuse, une imagination vive
et brillante, un caractère aimable mais peu constant ;
les occupations intellectuelles lui sont faciles et les
exercices corporels lui plaisent. Sans vouloir entrer
plus avant dans le détail, il y a là un phénomène
d'hérédité physique qui exerce son action sur l'âme
et dont l'éducation doit tenir un compte très sérieux.
L'homme est un, car l'âme a son influence sur le corps
et le corps sur l'âme.

Nous sommes *un*, l'expérience nous le fait sentir ;
elle nous dit en même temps que nous restons *un*.

En effet, non seulement nous avons conscience de
notre identité actuelle, mais nous relions notre passé
et notre présent dans l'identité du même *moi*, bien
que notre matière corporelle change entièrement, à
peu près tous les huit ans, selon la physiologie. Lais-
sons la parole au P. Monsabré :

« L'homme dit *moi* dans toutes les phases de son existence. L'enfant léger et insouciant dont l'imagination volti-
geait, comme un papillon, sur les premières fleurs de la vie,
c'était *moi ;* l'adolescent qui voyait s'ouvrir devant lui les
voies diverses et qui choisissait celle où devaient s'affer-
mir ses pas, c'était *moi ;* le jeune homme qui haletait dans

le combat et criait à Dieu : O Dieu, sauvez-moi, je vais périr, c'était *moi*; l'homme mûr qui commence à comprendre le vide des choses humaines et à prêter l'oreille au pas rapide de l'éternité, c'est *moi*; le vieillard qui dans quelques années, pleurant ses fautes et confiant en la miséricorde de Dieu, attendra chaque jour la fin de ses misères, ce sera *moi; moi*, toujours *moi*, le même et immuable *moi*. » [1]

Le symbole de saint Athanase fait un rapprochement très juste entre l'union de l'âme et du corps, d'où résulte l'unité du composé; et l'union de la nature divine avec la nature humaine dans la personne du Christ. La comparaison ne saurait être parfaite en tout point, puisque cette union dans le Christ est la plus grande et la plus durable qui puisse exister. [2] Cependant, ces deux mystères, l'un naturel, l'autre surnaturel, se prêtent une mutuelle lumière, et nous comprenons mieux par là comment les vérités philosophiques peuvent servir à montrer que les mystères de la foi ne sont pas absurdes.

De même que nous pouvons dire : « Le Christ est Dieu, le Christ est homme, un Dieu est né de Marie, etc., » de même nous disons tous les jours : « l'homme est esprit, l'homme est corps. » D'un côté nous rencontrons l'homme Dieu; de l'autre nous sommes en présence d'un composé humain qui est tout à la fois esprit et corps.

Pourtant, nous sommes contraint d'avouer que le nœud de cette union si intime reste mystérieux. Le poète s'adressant à son âme, lui pose cette question :

Quelle main t'enferma dans ta prison d'argile !
Par quels nœuds étonnants, par quels secrets rapports,
Le corps tient-il à toi comme tu tiens au corps? [3]

1. 1875, 16ᵉ *conf.*, p. 104.
2. Cf. Saint Thomas, *Somme théol.*, 3ᵉ p., q. ii, a. 9.
3. Lamartine, *Méditations poétiques*, V.

La science moderne n'y a pas encore parfaitement répondu. Déjà, il y a treize siècles, saint Augustin ne craignait pas d'affirmer que cette unité de nature et de personne dans l'homme est plus difficile à comprendre que l'Incarnation même du Verbe éternel, [1] celle-ci étant l'union de deux natures en une seule personne.

Terminons par un mot de Bossuet :

« Cette union de l'âme et du corps, dit-il, est une espèce de miracle perpétuel, général et subsistant ; il paraît dans toutes les sensations de l'âme, et dans tous les mouvements volontaires du corps. » [2]

---

1. Epître CXXXVII à Volusien. — Cf. Liberatore, *ibid.*, ch. 1ᵉʳ, a. 4 et 6.

2. *De la Connaissance de Dieu et de soi-même*, ch. III, 3.

DEUXIÈME PARTIE

OBSERVATIONS PRÉLIMINAIRES

I. — Lorsque l'homme vient à se considérer soi-même et à examiner les diverses opérations de son âme, il perçoit d'abord une foule d'actes qui se présentent dans une grande confusion et qui lui paraissent d'une extrême complexité. Ses facultés agissent de mille manières diverses, c'est un vrai dédale de perceptions, d'imaginations, de souvenirs, de pensées, de volontés.

« L'âme, dit Bossuet, c'est ce qui nous fait penser, entendre, sentir, raisonner, vouloir, choisir une chose plutôt qu'une autre et un mouvement plutôt qu'un autre, comme se mouvoir à droite plutôt qu'à gauche. » [1]

Pourtant, quand on entreprend de les analyser et de les classer, on remarque une différence essentielle et radicale entre ces opérations : *sentir*, *comprendre*, *vouloir*.

La première, dans la signification que nous lui donnons, *perçoit*, *mais par les sens seuls*, *et est affectée par les impressions ainsi reçues ; puis elle se porte vers l'objet sensitif ou s'en détourne*. La seconde est *l'acte de cette faculté de l'âme qui saisit les objets et qui s'appelle l'intelligence ;* la troisième est *l'acte de cette autre faculté qui se porte vers les objets et qui s'appelle la volonté*.

1. *Connaissance de Dieu et de soi-même*, p. 1.

Qu'un exemple montre chacune d'elles en exercice. Considérons la scène émouvante du Calvaire
et saint Jean au pied de la croix. Les sens extérieurs du disciple spectateur *sont frappés par la vue*
de Notre-Seigneur, suspendu sur quatre plaies sanglantes, et près de rendre le dernier soupir. Voici
Marie, les saintes femmes, les soldats, les bourreaux. Puis, l'*oreille* de l'apôtre entend les suprêmes
recommandations et l'adieu divin. Sa faculté sensitive
agit d'abord et prépare la voie aux deux autres
opérations.

En second lieu, l'âme du disciple bien-aimé *comprend*
les paroles de Jésus-Christ; elle se replie sur elle-
même pour réfléchir sur le mystère en se servant des
données que les sens lui ont précédemment fournies.
L'intelligence s'acquitte de son rôle.

Enfin, saint Jean va plus loin encore, il *veut* faire
connaître au monde entier le grand spectacle auquel
il assiste, les prodiges de la vie et de la mort sublime
d'un Dieu, il est résolu dès lors à donner à son maître,
jusqu'à son dernier soupir, des preuves de son amour;
c'est la volonté qui agit.

Tout le monde comprend que cette troisième faculté
est distincte des deux premières et qu'elle ne peut
venir qu'après elles. De la volonté à l'action il n'y a
qu'un pas pour un cœur énergique comme celui de
l'apôtre.

En analysant ce fait évangélique, nous voyons
qu'il y a parmi les actes produits par l'homme,
trois sortes de phénomènes absolument irréductibles et auxquels on peut rapporter tous les autres.
Ces facultés, c'est-à-dire ces modes particuliers, naturels et permanents de notre activité consciente,
sont tout ce que l'on comprend sous le nom

de *facultés sensitives*, d'*intelligence* et enfin de *volonté*.

Je ne vois point ces propriétés de mon âme, dit Platon, *mais je puis juger de leur différence par la différence de leurs actes.* Il aurait pu ajouter : *et par l'indépendance réciproque de ces mêmes actes.*

On le voit, la méthode que nous suivons est tout expérimentale, l'observation des faits est notre point de départ, puis nous essayons de les classer suivant les ressemblances et les différences constatées, et nous trouvons autant de facultés qu'il y a de classes de phénomènes irréductibles.

II. — Tout être est agissant de sa nature; son activité est toujours en proportion de son être. C'est par cette activité seule qu'il se *manifeste* et c'est pour cela que plusieurs identifient l'être avec la *force* et prétendent qu'il n'y a que des forces.

L'homme lui aussi étant un être est *actif*; son activité s'exerce sur toutes sortes d'objets. Aussi saint Thomas a-t-il dit, après Aristote, [1] que *l'âme est en quelque sorte toutes choses.*

Nos facultés ne sont donc autre chose que l'activité même de l'âme se portant vers des objets divers, et la diversité de ces objets est, comme nous l'avons vu, la source de la distinction de nos facultés. Ces puissances n'étant que des formes différentes de la même activité, on conçoit facilement la possibilité des relations qui s'établissent entre elles. L'âme s'exerce sur le *vrai* SENSIBLE et elle se nomme *sens externe ou interne.* Elle s'exerce sur le *bien* CORPOREL et elle s'appelle *appétit sensitif.* Elle s'exerce sur le *vrai* SPIRITUEL et

---

1. *De l'âme*, III. — Cf. Saint Thomas, *Somme théologique*, p. I, q. LXXXIV, a. 3.

elle se nomme *intelligence*. Elle s'exerce sur le *bien*
SPIRITUEL et elle s'appelle *volonté*.

III. — Mais pourquoi traiter d'abord des *facultés
sensitives*, qui sont les dernières dans l'ordre de dignité
et d'excellence? C'est parce qu'elles sont les premières
dans l'ordre d'opération et d'évolution. De même,
parmi les vertus, la charité est la plus parfaite et cependant elle ne vient qu'après la première, qui est la
foi.

*La faculté perceptive reçoit d'abord les images des objets
par le moyen des sens externes ou internes, puis l'appétit
sensitif se porte vers eux ou s'en détourne.*

La même double opération se rencontre dans l'âme.
L'intelligence saisit les objets que les sens lui présentent.
C'est cette faculté que nous étudierons en second
lieu. Enfin, *la volonté se porte vers les objets précédemment
perçus par l'intelligence ou bien les repousse.* Elle est définie : *un appétit rationnel,* supérieur à l'appétit sensitif,
mais qui *complète* la perception rationnelle, comme
l'appétit sensitif *complète* la perception purement
sensitive.

On le voit, les facultés sensitives sont à l'origine de
toutes nos opérations, soit intellectuelles, soit volontaires.

L'ordre philosophique que nous suivons est confirmé par l'expérience de chaque jour. Considérons,
en effet, le développement des facultés dans un petit
enfant. Chez lui, la sensibilité s'éveille tout d'abord.
Ses sens externes sont toujours en jeu. Son regard
suit la lumière, il entend et reconnaît la voix de ses
parents, son goût sait distinguer ce qui est agréable
de ce qui est amer. Bientôt après, ses mains cherchent
à connaître la forme et la température des objets, et

l'odorat vient compléter les données que lui fournissent les autres sens. Puis les sens internes, comme
l'imagination et la mémoire sensible, entrent en
scène et s'acquittent de leur rôle. Son appétit purement sensitif se porte vers certains objets, se détourne
de certains autres. Plus tard, son intelligence s'é-
veille, il comprend ce qu'il entend, et il travaille sur
les éléments que les sens lui ont présentés. Enfin, sa
volonté vient choisir entre le bien et le mal; il fait des
actes de conscience qui sont soumis aux lois morales,
imputables à leur auteur et objets pour lui de mérite
ou de démérite.

IV. — Il faut remarquer, en outre, que le nom de
facultés sensitives ne correspond pas à des puissances
spéciales qui existeraient dans l'âme. C'est un mot générique qui signifie *tout l'ensemble des facultés qui dépendent
des sens, qui nous sont communes avec les animaux et dont
le sujet est le composé humain, c'est-à-dire le corps et l'âme.*
L'intelligence et la volonté, au contraire, ont pour
sujet l'âme seule, comme nous le verrons plus tard.

V. — De même, il n'y a pas en nous trois vies psychologiques, la vie sensitive, la vie intellectuelle et la
vie de volonté. Il n'y en a qu'une dont les divers éléments sont intimement associés.

« Otez la sensibilité, dit E. Rabier, l'homme est inerte ;
ôtez l'intelligence, il est aveugle ; ôtez la volonté, il est
esclave et impuissant. Ces trois vies concourent à une
même fin et sont sans cesse engagées simultanément dans
les mêmes actes. Exemple : une résolution est un acte de
volonté, mais cet acte implique, comme condition préa-
lable, la connaissance de l'objet qu'on veut poursuivre et
des mobiles d'action qui naissent pour la plupart de la
sensibilité. » [1]

1. *Leçons de philosophie*, Psychologie, p. 87.

LIVRE PREMIER

DES FACULTÉS SENSITIVES

CHAPITRE PREMIER

De la connaissance sensitive

- I. DE LA CONNAISSANCE SEN-SITIVE EN GÉNÉRAL
  - Son essence.
  - Son acte.
- II. DES MOYENS DE PERCEPTION
  - Sens externes
    - Tact.
    - Goût.
    - Odorat.
    - Ouïe.
    - Vue.
  - Sens internes
    - Sens commun
    - Imagination.
    - Instinct.
    - Mémoire sensible.

CHAPITRE SECOND

De l'appétit sensitif

- APPÉTIT
  - Concupiscible.
  - Irascible.
- DIFFÉRENCE ENTRE
  - Perception et appétit.
  - Volonté et appétit.
- DES PASSIONS

CHAPITRE PREMIER

De la connaissance sensitive

§ 1ᵉʳ. — Essence et acte de la connaissance sensitive

I. — Cette faculté de connaissance nous est commune avec les animaux; elle ne saisit guère que les corps et leurs relations et n'est impressionnée que par eux. Encore est-ce la seule apparence extérieure des objets, leurs seuls accidents, qui frappent les sens. Les substances ou essences ne peuvent être soupçonnées ni comprises que par l'intelligence. Les dehors physiques d'une personne, sa taille, son allure, sa couleur sont les seules choses qui puissent affecter la faculté sensitive; la substance humaine qui se cache sous ces accidents sensibles n'est saisie que par l'esprit. C'est lui qui, par exemple, à la messe avant la consécration, perçoit la substance du pain sous les formes sensibles et les accidents visibles de l'hostie, bien que cette substance ne puisse frapper sa vue. C'est encore l'intelligence aidée de la foi qui, après les paroles du prêtre, sait que les apparences ne cachent plus la substance du pain, mais bien celle du corps de Notre-Seigneur.

De plus, la faculté sensitive de perception est incapable de s'élever jusqu'aux notions générales. Un animal verra un individu en particulier, puis un autre individu; mais il ne saura atteindre l'idée de l'universel. Il connaîtra plusieurs hommes, mais il n'acquerra jamais la notion générale d'homme.

Ce n'est pas l'âme seule qui perçoit, puisque dans

cet ordre elle ne peut rien sans les organes corporels. Ce n'est pas le corps seul, puisqu'aucun cadavre ne répond aux excitations physiques venues du dehors ; ce sont les organes vivifiés par l'âme, c'est le *composé humain.*

II. — La connaissance est le premier acte des facultés sensitives ; *elle n'est autre chose qu'une certaine représentation vivante de l'objet en nous.* C'est le corps vivifié par l'âme qui transmet cette image, puis la ressemblance de l'objet perçu reste dans l'organe, et l'affecte enfin diversement. On le voit, la faculté sensitive appartient au composé humain et non à l'âme seule.

« La sensation, dit Bossuet, est la première perception qui se fait en notre âme en la présence des corps que nous appelons objets et ensuite de l'impression qu'ils font sur les organes de nos sens.…, La sensation doit être la première chose qui s'élève en l'âme et qu'on y ressente à la présence des objets. Et, en effet, la première chose que j'aperçois en ouvrant les yeux, c'est la lumière et les couleurs ; si je n'aperçois rien, je dis que je suis dans les ténèbres. » [1]

Cette faculté de percevoir par les sens et d'être ému agréablement ou désagréablement est le point de départ et comme la racine de tout acte de connaissance intellectuelle et de volonté vraie. *Il n'y a rien dans l'intelligence qui ne nous vienne pas des sens,* dit la philosophie scolastique tout entière. *Les éléments premiers et nécessaires des idées nous sont fournis par la faculté sensitive.* Elle n'est pas la cause de l'acte intellectuel, mais elle produit la matière sur laquelle il s'exerce.

Tout entre dans l'esprit par la porte des sens. [2]

C'est même ce mode de connaissance spécial qui

1. Bossuet, *Connaissance de Dieu et de soi-même,* ch. 1er, 1.
. 2. Delille, *l'Imagination,* chant Ier.

assigne à l'homme sa place au milieu de tous les êtres. C'est la manière la plus philosophique de le distinguer de Dieu, des anges et des animaux. En effet, Dieu, océan de science comme océan d'être, n'a pas besoin de sens pour connaître, puisqu'il sait tout par nature.

L'ange est bien éloigné de son créateur par le degré de perfection, mais il puise à la source divine des connaissances innées et infuses.

L'homme reçoit des sens les éléments des idées ; son esprit travaille ensuite sur les images des objets particuliers et en fait jaillir l'idée universelle.

L'animal enfin n'a que les facultés sensitives seules ; il ne possède ni l'intelligence ni la volonté ; il est incapable d'abstraction et de généralisation.

Donc, l'homme, par sa façon de connaître, tient une place à part entre Dieu, l'ange et les animaux. On le voit aussi, plus l'être est parfait, plus son mode de connaissance est élevé. C'est ainsi que s'explique l'axiome de saint Thomas, qui est une des bases de la philosophie scolastique : « L'objet connu est dans le connaissant selon le mode du sujet connaissant. »[1]

Entrons dans le détail et expliquons quel est le rôle des sens dans la connaissance humaine.

> ... Il est temps de connaître
> Comment l'âme résonne et répond à chaque être,
> Et comment, de nos nerfs ébranlant le faisceau,
> L'objet court s'imprimer dans les plis du cerveau.[2]

Cette connaissance a cinq phases bien caractérisées.

1° L'impression organique. — C'est le contact immédiat ou médiat de l'objet extérieur avec l'organe

---

1. S. Thomas, *De la Vérité*, q. x, a. 4. — P. Kleutgen, *La Philosophie scolastique exposée et défendue*, t. Ier, p. 39.
2. Delille, *l'Imagination*, chant III.

et l'influence que ce contact a sur le système nerveux. Quand un ami me serre la main, c'est un contact immédiat; quand la lumière du soleil en plein midi éblouit mes yeux, c'est un contact médiat par le moyen d'un milieu transparent.

2° **Transmission de l'impression.** — C'est l'ébranlement ou vibration que cette impression détermine dans la corde nerveuse, depuis le bout qui s'épanouit dans l'organe jusqu'au bout qui s'insère dans le cerveau. Il y a des nerfs de perception ou nerfs sensitifs attribués à chaque sens en particulier. Par exemple, les nerfs de la langue sont affectés par la saveur des mets; d'un autre côté, les nerfs de l'oreille sont ébranlés par l'air qui s'agite et le son qui le fait vibrer.

3° **Excitation cérébrale.** — Une modification de nature encore inconnue s'opère à l'instant même dans le cerveau. Chaque faculté a son organe vivant dont les impressions sont la perception même de l'objet et qui est, *non la cause, mais la condition de la sensation.*

4° **Sensation proprement dite.** — L'objet a été mis en contact avec le sujet et il a agi physiquement sur lui. Jusqu'à ce moment le sujet n'est que patient. Il y a ensuite réaction du sujet vers l'objet. Le premier, mis en branle par l'objet, tend à le représenter. La faculté de connaissance sensible commence à agir. Elle cherche à arriver à son terme, parvient à la possession plus ou moins complète de l'objet et le représente suivant la capacité de sa nature propre.

Toutes ces actions sont des actes vitaux. En effet,

qu'un son frappe l'oreille d'un cadavre ; l'impression ne sera pas transmise, le cerveau ne sera pas excité, l'âme n'éprouvera aucune sensation, puisqu'elle a quitté le corps.

Plusieurs sens peuvent parfois être frappés ensemble. Un assassin me tire un coup de fusil ; dans l'espace d'une seconde, je *vois* l'arme s'abaisser, *j'entends* la détonation, je me *sens touché* dans une partie de mon corps.

5° Enfin cette sensation fournit la matière dont l'intelligence tirera des idées. Ici nous quittons le domaine de la faculté sensitive pour pénétrer dans celui de l'intelligence.

On le voit, les quatre premières phases appartiennent à ce chapitre. Elles sont du ressort de la physiologie, c'est-à-dire de cette science expérimentale qui traite de l'homme physique, des fonctions organiques dans les êtres vivants, des actions qui nous sont communes avec les animaux. La cinquième est du domaine propre de la psychologie et sera traitée à sa vraie place dans le chapitre suivant.

III. — Il y a une grande différence entre la perception et l'appétit sensible.

La première est *un acte vital passif à son origine, elle accepte l'excitation venue du dehors, elle reçoit une certaine impression, puis l'âme réagit, il se produit un phénomène de connaissance.* Le second est *surtout porté vers le dehors, il cherche à s'unir à l'objet ; il ne connaît pas par lui-même, mais il se dirige vers le bien extérieur manifesté par la perception sensible.* J'ai un frère que je n'ai pas vu depuis longtemps ; il arrive, s'approche de moi pendant que j'ai le dos tourné, et me frappe sur l'épaule. Je suis averti qu'il y a quelqu'un; c'est l'usage de ma faculté *perceptive*. Je me retourne, j'aperçois mon frère, je pousse un cri de joie, mon cœur est ému en le reconnaissant; c'est ma faculté *affective* ou mon *appétit sensible* qui se met en jeu. Je serais tout autrement impressionné, si je reconnaissais mon ennemi dans l'homme qui vient de me toucher.

On le voit, la faculté affective peut nous procurer une *certaine excitation des sens qui est conforme à notre nature et qui s'appelle* LE PLAISIR ou bien *un sentiment fâcheux des sens lésés, sentiment importun, contraire à nos inclinations naturelles et qui se nomme la* DOULEUR.

Nous ne saurions confondre la perception avec l'appétit sensitif. L'homme en effet perçoit quelquefois sans jouir ni souffrir; de plus, il faut toujours qu'il perçoive avant d'être affecté d'une manière agréable ou désagréable.

Donc la première division qui s'impose est celle que la philosophie établit entre la faculté *perceptive* et l'*appétit*.

§ II. — Des moyens de perception

La faculté perceptive s'exerce par le moyen des sens.

Les sens sont *externes* ou *internes* selon qu'ils réclament la présence d'un objet extérieur ou qu'ils ne la réclament pas, selon que leur organe paraît au dehors ou demeure dans l'intérieur du corps.

SENS EXTERNES

Les puissances sont spécifiées par leurs objets; il y aura dans l'homme autant de sens aptes à saisir les objets extérieurs qu'il y a dans un corps de qualités essentiellement diverses.

Or, ces qualités sont au nombre de cinq : *la chaleur,
la saveur, l'odeur, le son,* de plus tout ce qui tombe sous
le sens de la vue. Donc, il n'y a et ne peut y avoir que
cinq sens pour les saisir.

D'ailleurs, la physiologie s'unit à l'anatomie pour
nous apprendre que les cinq organes des sens ne sont
pas constitués de la même manière, parce qu'ils
doivent recevoir des impressions sensibles absolument
différentes. Les nerfs tactiles, par exemple, ne ressemblent pas à ceux des organes du goût.

Les causes extrinsèques et intrinsèques concourent
par conséquent à nous montrer qu'il y a cinq sens et
qu'il ne saurait y en avoir plus.

Nous examinerons, pour chacun de ces sens, sa
faculté, son milieu, son objet. Nous ne décrirons pas
physiologiquement la faculté, c'est une question qui
n'appartient pas à la psychologie et que nous supposons déjà connue; nous nous contenterons d'indiquer
son rôle et son mode de relation.

I. **Tact.** — *Faculté.* Ce sens est répandu par tout le
corps et est commun à tous les animaux. Il a pour
organe général la peau hérissée de papilles, et le
réseau des nerfs de perception. Mais son organe principal est la main, cet instrument des instruments,
comme dit Aristote.[1] Elle a le privilège d'être la partie
du corps la plus riche en nerfs tactiles et de pouvoir
très facilement prendre le moule de l'objet. Elle peut
ainsi saisir l'étendue sous ses trois dimensions. Le
toucher nous fait juger encore de la forme, de la soli-
dité, de la distance, de la température relative des
objets. Nous disons *relative,* parce que nous la compa-

1. *De l'âme,* III.

rons instinctivement à la température de notre propre corps.

Milieu. Dans l'exercice de ce sens, le milieu n'est pas nécessaire, puisque le tact nous met directement en relation avec l'objet. Les anciens philosophes disent qu'en ce cas le milieu est conjoint.

Objet. L'objet est tout ce qui est en rapport immédiat avec les organes du toucher.

II. **Goût.** — *Faculté.* Le siège du goût est la cavité buccale, la pointe, les bords et la base de la langue.

Milieu. Il est conjoint comme le précédent et il est aussi modifié naturellement par l'objet.

Objet. C'est tout ce qui a une saveur agréable ou désagréable.

III. **Odorat.** — *Faculté.* C'est le nerf olfactif descendant du lobe antérieur du cerveau. Ce sens est avec le précédent celui qui contribue le moins à une connaissance déterminée.

Milieu. C'est l'air ou l'eau; la relation n'est pas immédiate comme dans les deux sens précédents, et l'organe ne subit aucune modification naturelle dans son exercice.

Objet. L'odorat s'exerce sur les molécules répandues dans l'espace, mais une certaine inspiration est indispensable pour que les particules odorantes arrivent à l'organe.

IV. **Ouïe.** — *Faculté.* C'est l'oreille avec ses trois parties : oreille externe, cornet ; oreille moyenne, tympan ; oreille interne, rocher. Ce sens étend considérablement le cercle de nos relations. Supposons un homme qui n'aurait que les trois premiers sens et à qui un

miracle donnerait subitement ce quatrième, quel changement en lui dans ses rapports avec les autres !
« L'ouïe rend les animaux mêmes capables d'un certain enseignement, » dit Aristote. Voilà pourquoi il a pu être nommé « le sens spirituel par excellence, l'entremetteur et l'agent de l'entendement et l'outil principal des savants ».

Milieu. C'est l'air, l'eau, etc., ébranlés par le son. Il ne se transmet pas dans le vide.

Objet. C'est le son qui peut déchirer l'oreille ou la caresser.

V. Vue. — *Faculté.* Ce sont les yeux qui sont placés au haut du corps comme des sentinelles avancées, « afin qu'ils puissent découvrir sans peine de loin, à droite et à gauche, tous les objets étrangers, et qu'ils puissent veiller commodément pour la sûreté de toutes les parties du corps. » [1] Par le regard nous jugeons de la lumière, de la position relative, du mouvement, de l'étendue sous deux dimensions (longueur et largeur), de la quantité des corps.

Milieu. C'est l'air ou l'eau ou tout autre corps diaphane que la lumière traverse. (Théorie des ondulations de l'éther semblable à celle des ondulations de l'air pour l'ouïe.)

Objet. C'est tout ce qui est visible, soit à l'œil nu, soit à l'aide des appareils qui viennent réformer ou développer le sens visuel. [2] L'art de l'opticien peut augmenter cette puissance dans des proportions immenses, il sait en étendre la portée ou en assurer la

---

1. Fénelon, *Existence de Dieu*, 1re partie.
2. Voyez sur toute cette question saint Thomas, *Somme théologique*, 1re partie, q. LXXVIII, a. 3. — Desdouits, *l'Homme et la création*, ch. XXXVIII.

précision. Il permet à l'homme de fouiller les cieux au moyen du télescope et des lunettes astronomiques. Sur la terre, il lui fait apercevoir des objets situés à une distance considérable. D'un autre côté, le micros-cope lui fait faire d'admirables découvertes dans le monde des infiniment petits ;

> Il lui donne des sens qu'ignora la nature.

Les impressions de ces deux derniers sens sont celles qui ébranlent le plus souvent et le plus forte-ment l'organe cérébral ; ce sont celles qui excitent naturellement le plus d'idées, et qui contribuent dans une plus large mesure à l'éducation. [1]

De plus, nul sens n'égale la vue et le tact par rap-port à la certitude qu'ils engendrent. Le premier de ces sens n'est autre chose qu'une sorte de tact à dis-tance. Que de fois avons-nous dit : « Je l'ai vu, de mes yeux vu, ce qui s'appelle vu, » ou bien : « Je l'ai tou-ché ; c'est une vérité palpable. »

De tous les sens, c'est la vue, qui, grâce aux percep-tions acquises, a le privilège d'étendre plus loin le cercle de ses opérations. L'œil s'empare et profite de toutes les découvertes dues principalement au toucher ; et dès lors le toucher, ce sens qui est primitivement le plus précieux, le plus fécond de tous, demeure, pour ainsi dire, oisif et inutile. C'est l'œil qui désormais nous servira de main. C'est qu'en effet l'œil a sur la main trois avantages essentiels.

a) Sa portée d'abord est aussi vaste que celle du toucher est bornée : grâce à la vue, il nous semble que nos bras, s'allongeant à l'infini, enveloppent tout l'hori-zon, et que notre doigt se pose, avec notre regard, sur le sommet des montagnes et la voûte même du ciel.

---

1. S. Thomas, *sur la* Ire *épître aux Cor.*, ch. XII, leç. 13.

b) En même temps que, par sa portée, l'œil nous ouvre l'infiniment grand, par sa délicatesse et son activité il nous fait saisir l'infiniment petit : du regard, nous touchons, nous pesons les poussières impalpables qui flottent dans un rayon de soleil. La sensibilité rétinienne est prodigieuse : sur la rétine on peut percevoir plus de 500 impressions distinctes dans la longueur d'un millimètre, c'est-à-dire plus de 50,000 impressions différentes dans la surface d'un millimètre carré. La sensibilité du toucher le plus délicat est mille ou deux mille fois plus grossière.

c) Enfin la vue ne l'emporte pas moins par la rapidité de son opération : un mouvement insignifiant de l'œil parcourt d'immenses étendues et rassemble en une seconde un nombre d'impressions que notre main ne suffirait pas à nous donner dans toute notre vie. Le toucher semble avoir ces semelles de plomb dont parle Bacon. L'œil n'a pas seulement des ailes, il est prompt comme la pensée. C'est pourquoi l'œil est l'auxiliaire le plus précieux de l'intelligence. Sans doute, c'est à la main qu'on doit les premières découvertes dans le monde des sens ; mais c'est la vue qui les généralise et les exploite. L'une est comme un esprit judicieux, mais lourd ; l'autre a les vastes aperçus, les intuitions vives et promptes du génie. [1]

Remarquons encore que, dans ces trois derniers sens, l'odorat, l'ouïe et la vue, les organes sont doubles, pour conserver d'un côté ce qui pourrait manquer de l'autre, par suite de quelque accident. Mais la sensation reste unique, quoique les organes soient multiples.

Disons enfin que les animaux sont, en général,

---

1. Elie Rabier, *Psychologie*, p. 434.

mieux doués que nous sous le rapport des sens. L'aigle regarde le soleil et voit de très loin sa pâture ; le chien reconnaît son maître et suit le gibier par l'odorat. Mais l'homme sait bientôt reconquérir sa supériorité. Grâce à son intelligence, il peut augmenter presque à l'infini la puissance de ses organes matériels, il sait en corriger les erreurs, et La Fontaine n'a rien exagéré quand il a écrit :

> Le sens ne me nuit point par son illusion.
>   Mon âme, en toute occasion,
> Développe le vrai caché sous l'apparence ;
>   Je ne suis point d'intelligence
> Avecque mes regards peut-être un peu trop prompts,
> Ni mon oreille lente à m'apporter les sons.
> Quand l'eau courbe un bâton, ma raison le redresse,
>   La raison décide en maîtresse.
>   Mes yeux moyennant ce secours
> Ne me trompent jamais en me mentant toujours. [1]

Mais comment l'homme peut-il être sûr de la réalité des objets que ses sens perçoivent ? Comment est-il certain de ne pas être la victime de perpétuelles illusions ?

Il jugera, sans crainte de se tromper, que l'organe sensible est dans la vérité, si le rapport des sens réunit trois conditions.

1° *Chaque sens ne doit s'appliquer qu'à son objet propre.* Que dirait-on d'un aveugle qui, à l'aide de son ouïe, voudrait juger des couleurs ? Citons ce fait rapporté par de Maistre : « Après beaucoup de réflexions, un aveugle avait fini par trouver que le rouge cramoisi ressemblait au son de la trompette. » C'était probablement parce que l'on avait appliqué devant lui, à

1. Livre VII, fable 18e.

cette couleur comme à ce son, le qualificatif *d'éclatant*.

A distance une tour carrée nous apparaît ronde. Le regard nous trompe-t-il? Non, car la troisième dimension n'est pas l'objet propre de la vue, c'est celui du toucher. L'esprit est induit en erreur en interprétant mal les données fournies par l'œil, lorsque celui-ci juge d'une chose qui n'est pas de son ressort.

2° *Il faut que l'organe soit sain, au point de vue physique.* Celui qui est atteint de la jaunisse voit tout en jaune. De plus, *il est nécessaire qu'il ne soit pas le jouet du rêve ou de l'hallucination.* Le rêve est un état où les communications du *moi* avec le monde extérieur sont interrompues, c'est le phénomène du sommeil dans lequel nous croyons voir ce que nous ne voyons pas et assister à des scènes parfois terribles, parfois joyeuses, mais toujours imaginaires. Les deux premières opérations dont nous avons parlé précédemment, l'impression organique et sa transmission n'ont pas lieu; l'objet perçu en rêve s'adresse directement au cerveau qu'il trompe et à qui il fait subir des impressions fausses.

C'est une fantasmagorie

> Qui d'un amas confus des vapeurs de la nuit,
> Forme de vains objets que le réveil détruit. [1]

L'hallucination est une sorte de rêve éveillé. Dans ce cas, le mouvement cérébral qui détermine la perception se produit sans être précédé par l'action d'un objet sur l'organe des sens.

On rapporte que Pascal croyait sans cesse voir un abîme ouvert à ses côtés. L'impression sensible n'était pas produite sur son organe visuel, elle ne pouvait

---

1. Corneille, *Polyeucte*, act. Ier, sc. Ire.

par conséquent être transmise; l'illusion s'adressait directement au cerveau et trompait l'esprit.

Les philosophes rationalistes de notre époque ont beaucoup abusé du mot d'hallucination. Il y en a qui ont voulu expliquer, au moyen d'une hallucination universelle et contagieuse, l'impression produite par ces grands faits historiques de l'Évangile qui sont les miracles de Notre-Seigneur. La Résurrection et la Pentecôte ne sont pour Renan, par exemple, [1] que les effets d'une hallucination de la part de ceux qui en ont été les témoins; la conversion de saint Paul est un événement dont la cause est identique.

. D'autres ont défini la perception sensitive : *une hallucination vraie.* Ils n'ont pas voulu voir que, si c'est une hallucination, elle ne peut être vraie, et que, si cette connaissance sensitive est vraie, elle ne saurait être le résultat d'une hallucination. [2] Ils ont en outre exagéré le nombre comme la valeur de ces erreurs des sens pour essayer de faire triompher leur système préconçu de doute et d'universel scepticisme. Mais l'état de nos organes n'est pas toujours morbide; le soutenir serait comme si l'on disait que l'estomac est fait pour l'indigestion. De plus, nous avons mille moyens de savoir, par comparaison ou par expérience, si les sens nous trompent.

· 3° *Il est nécessaire qu'il n'y ait nulle cause d'erreur dans le milieu.* L'air ou l'eau peuvent prendre diverses couleurs, par exemple, et frapper l'œil d'une façon qui ne lui donnera pas la vraie couleur de l'objet. L'air raréfié ne transmettra à l'oreille qu'un son affaibli.

1. *La Vie de Jésus, les Apôtres.*
2. Taine, *De l'intelligence*, t. Ier, 2° partie, liv. Ier, ch. Ier, III, p. 408.

Lorsque ces trois conditions se trouvent réunies, nous pouvons et nous devons toujours ajouter foi au rapport de nos sens.

SENS INTERNES

Les sens internes, plus parfaits que les sens externes, forment chez l'homme comme une sorte de transition entre ceux-ci et l'intelligence. Ils ne réclament point la présence des objets extérieurs, et n'ont pas d'organe qui paraissent au dehors. Il sont au nombre de quatre : *le sens commun, l'imagination, l'instinct* et *la mémoire.*

I. **Le sens commun** n'est pas pris dans le sens habituel et vulgaire du mot; nous l'employons dans une signification plus haute et plus philosophique. *C'est comme la racine commune d'où découle dans chaque organe la faculté de sentir, et en même temps comme le terme unique où aboutit toute la sensibilité extérieure.* [1] *Il sert à réunir et à contrôler tous les résultats acquis par l'action des organes.* Ce sens n'est autre chose que la sensibilité considérée dans son organe central et actif; elle compare les impressions obtenues et, s'il y a lieu, elle corrige les erreurs. Si le sens commun n'existait pas, nous n'aurions pas conscience de nos sensations externes, ni internes. L'âme ne serait donc pas pleinement unie à l'objet.

De même, si ce sens n'agissait pas, nous ne saurions dans ce cas distinguer entre le doux et le blanc. Un animal sait faire cette différence; sans cela un chat, par exemple, se jetterait sur tout ce qui est blanc comme le lait. On dira qu'il ne le fait pas parce que

1. S. Thomas, *De l'âme,* leçon 3º. — S. Augustin, *Du libre arbitre,* liv. III, ch. 4.

le mur qui est blanc aussi n'est pas liquide, et ne
renferme pas toutes les qualités qu'il aime dans le
lait. Il sait donc diviser l'une de l'autre les qualités
sensibles et conséquemment il a un sens commun qui
les sépare.

Il en est de même pour les personnes. Chaque sens,
en effet, n'est frappé que par ses objets propres. La
vue distinguera le noir du blanc; mais comment
arriverait-elle à établir une distinction entre le blanc
et le doux? J'ai sous les yeux, par exemple, un objet
qui a tout à la fois ces deux qualités. La blancheur
affecte la vue, la douceur s'adresse au goût, mais c'est
le sens commun qui coordonne ces deux notions, tout
en indiquant cependant que ces sensations différentes
viennent d'un seul et unique objet. Parfois à première
vue on croit se trouver en face de tel acide, à l'odeur
on en reconnaît un autre. Il est donc nécessaire que,
malgré les négations de certains philosophes, il y ait
dans l'âme sensitive une sorte de bureau de contrôle
qui distingue entre une sensation et une autre, et qui
puisse corriger les erreurs d'un de nos organes en lui
opposant les résultats obtenus par un autre.

Par ce sens, l'être vivant s'aperçoit qu'il entend,
qu'il voit, qu'il touche; il éprouve la sensation, mais
ce n'est jamais que d'une manière vague, incomplète
et bien inférieure à cette connaissance, à ce retour
parfait sur soi-même qui est le privilège des substances intellectuelles. [1]

II. Imagination. — Autre chose est de recevoir ces modifications intérieures et autre chose de les conserver.
L'organe les reçoit, l'âme en est frappée, le sens com-

---

1. S. Thomas, *Somme théol.*, 1re partie, q. LXXVIII, a. 4,
ad 2m.

mun les complète l'une par l'autre, mais c'est *l'imagi-nation qui garde les images des choses perçues par les sens.*

Il y a une différence essentielle entre recevoir et conserver. L'élément liquide, par exemple, reçoit la forme des corps, mais ne saurait les conserver, tandis que les corps solides gardent l'impression extérieure une fois reçue.

L'existence de ce sens conservateur ne peut être révoquée en doute. Bien souvent, en effet, les images qui ont frappé nos sens se réveillent, et parfois avec une telle vivacité qu'ils nous font sentir l'objet comme présent.

« Que l'objet coloré que je regarde se retire, que le bruit que j'entends s'apaise, que je cesse de boire la liqueur qui m'a donné du plaisir, que le feu qui m'échauffait soit éteint, et que le sentiment du froid ait succédé, si vous voulez, à la place, j'imagine encore en moi-même cette couleur, ce bruit, ce plaisir et cette chaleur; tout cela moins vif à la vérité que lorsque je voyais ou que j'enten-dais, que je goûtais ou que je sentais actuellement, mais toujours de même nature. » [1]

Bien longtemps après que ma vue a été frappée par tel objet, je puis en voir renaître la forme et les qua-lités extérieures dans mon imagination. Cette sorte de résurrection, volontaire ou non, n'est autre chose qu'une sensation continuée. Voilà pourquoi cette faculté a été définie : « le lieutenant des sens auprès de la raison. »

Il y a une différence essentielle entre l'imagination et l'intelligence. Quand j'imagine un cercle, je me représente telle figure ronde avec sa forme, ses di-mensions, mais l'acte de la faculté perceptive s'arrête là. Au contraire, concevoir un cercle est une opéra-

1. Bossuet, *De la Connaissance de Dieu et de soi-même*, ch. 1er, 4. — Cf. Malebranche, *De la recherche de la vérité*, livre II, édition classique du P. A. Largent, 1886.

tion toute différente, puisque c'est avoir l'idée du cercle en général, c'est le saisir dans ses propriétés constitutives, dans ses rapports essentiels avec son diamètre et son rayon.

L'imagination existe chez l'animal. Lucrèce dans de beaux vers,[1] et saint Augustin, dans un de ses traités,[2] nous montrent les chiens de chasse glapissant et aboyant au milieu de leur sommeil, parce que l'image du gibier poursuivi pendant la journée leur est restée dans le cerveau.

Mais l'homme possède cette faculté à un degré bien supérieur. Si l'imagination de l'animal est simplement reproductrice, celle de l'homme animal est de plus créatrice. Il peut en retirer les plus utiles services, s'il sait veiller toujours sur *la folle du logis*, et si sa raison parvient à la diriger sans cesse. C'est une mineure perpétuelle qu'il faut garder en tutelle ; c'est un feu qu'on peut entretenir, mais il ne faut pas lui permettre de brûler et de dévorer la maison.

Il est dangereux, surtout pour les jeunes filles, de se laisser aller à toutes les fantaisies et à tous les rêves de l'imagination. Rien ne serait plus funeste que d'exciter cette faculté, soit par des lectures exaltées et malsaines, soit par des procédés physiques. En effet, le vin, le café, le thé pris à trop forte dose, exercent sur l'imagination une mauvaise influence ; certaines substances, comme l'opium et le hachisch, la dérèglent et produisent de maladives commotions ; le magnétisme et l'hypnotisme la surexcitent et provoquent un sommeil somnambulique qui offre, au point de vue soit corporel, soit moral, les plus graves périls.

1. *De natura rerum*, l. IV, 9, 31.
2. *Contra Epist. Mantchæi quam vocant Fundamenti*, 17. Apud Migne, *Patr. lat.*, t. XLII, col. 185.

On voit par là combien cette faculté dépend du corps et de ses conditions. Le démon se sert parfois de ces rapports si intimes entre le physique et le moral pour troubler l'imagination et lui présenter les plus dangereuses images. Voilà pourquoi veiller sur cette faculté est une des principales conditions de la paix comme de la vertu.

L'imagination, qui présente ses excitations malsaines et ses dangers, apporte aussi de grands avantages quand elle est dominée, chez un homme sérieux, par une raison forte et éclairée. Après l'avoir étudiée en elle-même, examinons-la dans ses applications diverses.

Elle donne pour ainsi dire des ailes à l'intelligence et l'emporte parfois jusqu'aux plus hauts sommets de l'art ou de la science. C'est dans ces deux directions surtout que s'exerce son activité créatrice ; on a même coutume d'attribuer les merveilles ainsi produites à l'imagination seule, bien que l'intelligence puisse en revendiquer sa très large part.

1° Si nous considérons cette faculté dans la poésie, par exemple, admirons jusqu'à quelle élévation elle transporte le poète, cette « chose légère, ailée et sacrée » qu'admirait Platon, « ce maître puissant du sourire et des pleurs, » ainsi que Dante qualifiait Virgile.

Il invente d'abord des choses qui n'existent pas, qui n'existeront jamais, ou qui même ne peuvent exister, comme le centaure et la sirène : son imagination seule les a conçues. C'est en cela surtout que l'imagination diffère de la mémoire : celle ci sait uniquement reproduire des souvenirs d'un passé qui a existé et qui renaît dans l'âme, en les reportant à leur date précise ou approchée. Puis l'homme modifie et

combine divers éléments qu'il a rêvés ou qu'il a perçus et qui lui sont fournis par son imagination ou par
sa mémoire ; il les réunit en une seule pièce de vers,
en un seul tableau, en un marbre unique. La puissance d'imaginer qui compose et qui divise de cette
sorte, est chez l'homme la faculté esthétique par
excellence, c'est-à-dire la faculté qui perçoit le beau
et est frappée par lui.

« De plus, l'imagination crée des symboles qui, conservés
et reproduits par les arts, se transmettent de génération
en génération. Dans les comparaisons et les métaphores
de toutes les langues, on représente l'esprit comme un
miroir, la passion comme un torrent, la conscience comme
un œil intérieur. En un mot, on donne un corps à l'invisible. » [1]

Enfin son imagination lui représente des person-
nages plus beaux et plus grands que nature. Les héros d'Homère, d'Eschyle, de Corneille n'ont pas existé
tels que nous les décrit le poète. Il les crée, il les
fait, selon le sens de la racine grecque du mot *poésie;*
il est *trouveur*, trouvère d'après la racine du mot
roman. On a pu dire du sublime auteur de *Cinna* et
de *Polyeucte :*

> Ainsi que ses héros, ses vers sont plus qu'humains ;
> Il peint presque des dieux en peignant les Romains. [2]

Si le poète vient à représenter des réalités, les merveilles de la nature, par exemple, son imagination
les fait plus belles qu'il ne les a vues.

> Elle colore tout, et sa vive imposture
> Multiplie, agrandit, embellit la nature. [3]

2° La seconde voie ouverte à l'imagination est la

1. Rabier, *Psychologie*, p. 208.
2. Delille, *l'Imagination*, chant V.
3. Id., *ibid.*, chant I.

science. Rien n'est plus contraire à l'imagination, rien n'est plus froidement positif que la science, pense-t-on généralement.

Qu'elle soit pure ou appliquée, elle impose toujours à l'esprit la rigueur de ses procédés et la froideur de ses calculs avec le côté positif de ses résultats. Et pourtant saint Thomas nous affirme « que la vivacité de l'imagination est une prédisposition aux sciences qui ont leur siège dans l'intelligence. » [1]

Il faut en effet une certaine force d'imagination pour se représenter les quantités, comme dans les mathématiques pures, [2] ou pour inventer des hypothèses nouvelles, comme dans les sciences expérimentales. Le savant tente alors des expériences qui n'ont pas encore été essayées, prélude ainsi aux découvertes et provoque de nouveaux faits qui restent désormais acquis à la science. Il s'élance ensuite hardiment du fait à l'hypothèse et de l'hypothèse à l'induction, puis, d'induction en induction, il arrive enfin à prouver victorieusement des vérités jusqu'alors obscures ou ignorées. Telle est l'imagination des Claude Bernard, des J.-B. Dumas, des Pasteur.

« La science a ses observateurs, dit J. Tyndall, qui regardent l'imagination comme une faculté qu'il faut plutôt craindre et éviter qu'utiliser. En la voyant à l'œuvre dans des têtes trop faibles, on a exagéré le mal qu'elle pouvait faire. Il serait aussi juste de proscrire la vapeur parce qu'il y a des chaudières qui font explosion. Contenue dans de justes limites et modérée par la raison, l'imagination devient le plus puissant instrument de découverte. Si

1. *Somme théol.*, 1re, 2e, q. LXXIV, a. 4, 3.
2.   Quelle science enfin à cette enchanteresse
        Ne doit point son éclat, sa force et sa richesse ?
        Tels à pas de géants, au sein des infinis,
        S'avançaient les Newton, les Euler, les Leibnitz.
                    Delille, l'*Imagination*, chant V.

Newton a franchi l'espace qui sépare la chute d'une pomme de la marche d'une planète, ce n'est que par un bond prodigieux de l'imagination..... Au delà des avant-postes actuels de la science, s'étend un champ immense où l'imagination peut se donner une libre carrière ; mais il n'y a que les esprits privilégiés, ceux qui savent jouir de la liberté sans en abuser, qui peuvent y travailler avec fruit. » [1]

« Aux limites des connaissances exactes, dit A. de Humboldt, comme du haut d'un rivage élevé, l'œil aime à se porter vers les lointaines régions. Les mirages qu'il voit peuvent être des illusions ; mais, comme ces images trompeuses que croyaient apercevoir, bien avant le temps de Colomb, les habitants des Canaries ou des Açores, elles peuvent amener la découverte d'un nouveau monde. » [2]

« Archimède, a dit Voltaire, avait au moins autant d'imagination qu'Homère. » « En effet, quelle imagination n'a-t-il pas fallu pour franchir la distance entre le soulèvement du couvercle d'une bouilloire et la machine à vapeur ? » [3]

Une fois la loi reconnue et démontrée, l'imagination se tournant vers les sciences appliquées entre dans une direction pratique et sert aux divers usages de la vie. Elle invente, avec Pascal, Papin et Sauvage, de nouvelles applications de la force motrice ; elle trouve, avec Jacquart et Philippe de Girard, des métiers à tisser ou à filer perfectionnés ; elle étonne le monde, avec Edison, en découvrant le téléphone et le phonographe.

Le chantre de l'*Imagination* a bien dépeint toutes ces applications quand il a écrit :

> De la philosophie et des hautes sciences,
> Descendrai-je à ces arts que tant d'expériences

1. Tyndall est un célèbre physicien irlandais, né en 1820, dont les principaux ouvrages ont été traduits en français par l'abbé Moigno.
2. Naturaliste prussien, né à Berlin en 1769, mort en 1859. La physique générale ainsi que la géographie botanique et zoologique lui doivent de nombreux et importants progrès.
3. Rabier, *Psychologie*, p. 206.

> Ont poli lentement et qui, par tant de soins,
> Nourrissent notre luxe ou servent nos besoins ! [1]

A peine est-il utile de faire remarquer que l'imagination, dans sa force ou dans sa faiblesse, dépend beaucoup de la culture intellectuelle, du milieu dans lequel on vit, du tempérament héréditaire, du pays, de l'âge. Il y a des familles de poètes et de sculpteurs ; il y a des peintres, qui, comme les Breughel, les Téniers et les Vernet, se transmettent de père en fils le talent avec les pinceaux. On rencontre des générations de musiciens, comme les Bach. L'histoire nous montre des peuples entiers qui semblent avoir une vraie vocation artistique. Tels étaient les Grecs autrefois, tels sont les Italiens aujourd'hui.

L'imagination, bouillante dans la jeunesse, se refroidit dans l'âge mûr, et s'éteint le plus souvent sous les glaces de la vieillesse. Les poètes ont chanté les joies qu'elle procure et ont décrit les peines qu'elle enfante. Disons avec l'un d'eux :

> Source d'émotions, de terreurs et de crimes,
> Elle a ses favoris comme elle a ses victimes,
> Et toujours des objets altérant les couleurs,
> Ainsi que nos plaisirs, elle accroît nos douleurs. [2]

III. Instinct. — Cette faculté se remarque surtout chez l'animal, c'est son mode tout spécial d'opération. *C'est une sorte d'appétit qui a pu parfois être comparé au libre arbitre humain.* C'est une prudence et une sagesse qui viennent du Créateur, tandis que les nôtres sont le plus souvent acquises par nous-mêmes. Par instinct, le

---

1. Delille, l'*Imagination*, *Ibid.* — Cf. H. Joly, *Psychologie comparée*, 2ᵉ édit., p. 47.
2. Chênedollé, *Le Génie de l'homme*, chant III.

castor bâtit sa maison, l'hirondelle va passer l'hiver dans les climats plus doux; par instinct, la lionne veille sur ses petits et les recherche quand ils sont perdus.

Ce genre de perception existe aussi chez l'homme, mais son rôle est perfectionné par la puissance supérieure de l'intelligence. C'est surtout chez les insensés et chez les enfants dont la raison n'est pas encore éveillée, qu'il est instructif et intéressant d'étudier les phénomènes instinctifs.

Ils semblent revêtir trois caractères principaux.

a) La connaissance que nous apporte cette perception vient compléter celle du sens extérieur. Le sens, modifié par l'objet, nous le montre, mais n'indique rien de plus. Le regard de la brebis rencontre le loup, voilà l'opération sensible, mais c'est l'instinct qui la fait fuir et lui inspire la conscience intime du danger qu'elle court.

Cette faculté distingue, avant toute réflexion, l'ami de l'ennemi, ce qui est utile de ce qui peut être nuisible. Si certains animaux sauvages fuient l'homme, c'est à cause du péril qu'ils redoutent; si l'oiseau rassemble des brins de paille et de mousse pour en fabriquer un nid, c'est en vue de l'utilité pratique qu'il y trouve. On le voit, l'organe sensible seul ne saurait percevoir ces avantages et ces inconvénients, c'est l'infaillible instinct qui les saisit.

b) Le même genre invariable d'instinct est la première conséquence vitale de l'organisation, *il est commun à l'espèce tout entière;* il peut varier d'espèce à espèce, mais il est partagé par tous les individus d'une même espèce, en quelque partie du globe qu'ils habitent, en quelque temps qu'ils vivent. Les abeilles de l'Europe construisent leur ruche comme celles de l'Australie; le cheval, dont Job [1] et Virgile [2] nous ont laissé la poétique description, montre les mêmes goûts belliqueux et les mêmes fières allures que celui dont parlent Buffon, au point de vue du naturaliste, [3] et Bossuet, au point de vue du moraliste. [4]

Tous les animaux du même genre offrent des instincts identiques, ils montrent une certaine recherche aveugle des moyens à employer pour atteindre cette fin. Ils ont quelque conscience de ce qu'ils font, mais non pas du pourquoi ils le font. Cette fin que l'animal poursuit sans la connaître et qui est indiquée par la Providence, est d'assurer l'existence de l'individu et la perpétuité de l'espèce.

Mais, il faut le remarquer, cette sorte de raison rudimentaire, irréfléchie et très imparfaite se manifeste seulement en présence de l'objet spécial et déterminé qui frappe les sens et qui éveille la perception instinctive.

c) Enfin, l'instinct, comme tous les autres sens, *ne peut avoir que des perceptions individuelles et concrètes*, tandis que l'intelligence saisit et compare les idées universelles, et sait percevoir les abstractions. On voit donc la différence qui sépare l'opération intellectuelle de l'acte instinctif qui est commun aux hommes et aux animaux. L'animal obéit aveuglément à une tendance qui vient de sa nature. L'homme délibère, raisonne, sait le pourquoi des choses et prévoit les conséquences qui découlent des causes.

Les philosophes et les médecins du moyen âge avaient placé dans le centre de la tête le siège de l'ins-

1. Ch. xxxix, 20.
2. *Georg.* III, 75.
3. *Histoire naturelle*, t. VIII, p. 8 (Édit. Ménard, 1825).
4. *Méditations*, *La Cène*, seconde partie, 4º jour.

tinct. Nos savants d'aujourd'hui se préoccupent encore
beaucoup de la localisation de cette faculté, comme de
celle des autres facultés sensitives. Peut-être arrive-
ront-ils à des résultats de plus en plus positifs ; peut-
être ceux-ci confirmeront-ils les prévisions et les
données des philosophes d'autrefois.

IV. Mémoire. — *Objet et division de la mémoire.*
Le quatrième sens interne est la mémoire ; elle *conserve, comme dans un trésor, le souvenir des choses qui ne
tombent pas actuellement sous nos sens.*

Selon son objet, elle prend deux formes, et s'appelle *la
mémoire sensible* ou la *mémoire intellectuelle.* Nous n'avons
à nous occuper ici que de la première ; la seconde trouvera sa place lorsque nous parlerons de l'intelligence.

La mémoire *sensible* nous est commune avec les
animaux. Elle se rapporte aux objets qui ont autrefois frappé nos sens et dont la connaissance a
persévéré en nous. Nous disons qu'elle appartient aux
facultés sensitives, car cette faculté saisit seulement
le particulier et ne saurait s'élever aux notions générales. La mémoire retient ce qui est passé ; et c'est
surtout ce qui la distingue des autres facultés.

Si l'animal possède cette mémoire sensible, l'homme
retient aussi dans cette faculté sensitive le souvenir des
odeurs, des saveurs, des sons. Il se souvient de certains mots d'une langue étrangère qu'il ne connaît
pas. De même la mémoire garde tous les signes dont
se composent le langage écrit et le langage parlé. Elle
reconnaît à leur passage tout ce qui a précédemment
frappé les sens.

Cette faculté diffère de l'imagination en ce qu'elle
représente le *passé* comme tel, tandis que cette dernière est indépendante du temps. De plus, la mémoire

reproduit des objets réels, des faits, tandis que l'imagination, par exemple lorsqu'elle crée, est plus indépendante de la réalité. Si la mémoire purement sensible des animaux est parfois plus tenace que la nôtre, chez l'homme cette faculté est plus éclairée, à cause de l'appui que lui prête l'intelligence. [1]

CHAPITRE II

De l'appétit sensitif

1° L'appétit en général est *l'inclination d'un sujet vers un objet qui lui convient. S'il possède cet objet, il s'y complaît; s'il en est privé, il tend vers lui.* [1]

La Providence a ordonné toutes les choses créées de telle façon que, par leur nature, elles tendent au bien général et à leur bien propre. Le bien pour l'animal, c'est la conservation et le perfectionnement de l'individu, c'est le développement de l'ordre du monde et la manifestation des attributs divers.

L'appétit sensitif est *une résultante de la perception des sens,* car on ne peut être incliné vers une chose tant qu'on ne l'a point saisie d'avance par les sens externes ou internes. Cet objet une fois perçu apparaît comme bon ou mauvais, utile ou nuisible, et meut l'appétit en conséquence.

L'appétit chez l'homme doit obéir à la raison. Il devient vertu ou vice selon qu'il se conforme ou non au jugement de l'intelligence.

1. *Somme théol.,* 1re partie, q. LXXVIII; a. 1; q. LXXXI, a. 2, etc.

Il se divise en appétit *concupiscible* et en *irascible*. Le premier *a pour objet le bien et le mal ; il poursuit ce qui lui convient et fuit ce qui lui semble nuisible.* Ainsi l'amour, par exemple, se porte naturellement vers l'objet aimé ; la haine s'éloigne de ce qui est détesté. De plus cet objet est ordinairement facile à atteindre ou à éviter et ne demande guère d'effort de la part du sujet.

L'appétit irascible au contraire *chasse avec une certaine violence les choses qui paraissent contraires au désir.* L'objet présente des difficultés qui parfois semblent insurmontables et réclame une lutte ou tout au moins un effort. Ainsi en est-il de l'audace, de l'espérance, de la colère.

2° a) Différence entre la perception et l'appétit. — *La perception appelle à soi l'objet, tandis que l'appétit se porte vers le sien.* En effet, que produit l'acte de perception ? Il fait naître dans le cerveau une certaine image de la chose que l'on a saisie. En quoi consiste au contraire l'acte d'affection ? Il est naturellement expansif et il tend à réunir le sujet à l'objet. (Cf. p. 43.)

b) Différence entre l'appétit sensitif et la volonté. — L'appétit sensitif est une faculté bien inférieure, si on le compare à l'appétit raisonnable qui est la volonté. *Tandis que la faculté affective se porte vers le bien sensible et particulier, la volonté désire et recherche le bien absolu que la raison a d'abord saisi.*

« Avant que la volonté consente à l'appétit, dit excellemment saint François de Sales, elle domine sur luy ; mais après le consentement elle devient son esclave.

« En somme, cet appétit sensuel est à la vérité un subjet rebelle, séditieux, remuant : il faut confesser que nous ne le sçaurions tellement desfaire, qu'il ne s'esleve, qu'il n'entreprenne et qu'il n'assaille la raison : mais pourtant, la volonté est si fort au-dessus de luy, que si elle veut, elle peut le ravaler, rompre ses desseins, et les repousser, puisque c'est assez le repousser, que de ne point consentir à ses suggestions. On ne peut empescher la concupiscence de concevoir, mais de parfaire le péché.

« Nous autres pécheurs, nous souffrons et patissons ces mouvements en désordre, contre nostre gré, avec un grand préjudice du bon estat et police de nos âmes. »[1]

Enfin, l'être sensitif, mû par l'appétit, transporte le corps d'un lieu à un autre : la puissance par laquelle il accomplit cet acte se nomme en philosophie la *faculté motrice.*

3° Les mouvements de l'appétit sensitif s'appellent **passions.** *Les passions sont des mouvements de l'âme qui, touchée du plaisir ou de la douleur qu'elle ressent ou qu'elle imagine dans un objet, le poursuit ou s'en éloigne.*

a) Leur nature. — Lorsque nous nous replions sur nous-mêmes pour nous rendre attentifs aux phénomènes de notre existence, nous assistons à un drame intérieur dont les passions sont les principaux acteurs.

« Là, au centre même de notre vie, dit le P. Félix, nous sentons, comme nous sentons notre vie elle-même, des mouvements qui nous entraînent vers les hommes et les choses, et d'autre mouvements qui nous en éloignent; des mouvements qui épanouissent notre cœur, et d'autres mouvements qui le resserrent; des mouvements qui l'exaltent et d'autres qui l'abattent; des mouvements qui nous poussent en avant et d'autres qui nous ramènent en arrière. Oui, là même, au centre de notre vie, il y a des attractions et des répulsions, des tendances et des fuites, des actions et des réactions, des contractions et des expansions : ces flots qui passent et repassent dans un cœur tourmenté, tantôt un à un, tantôt plusieurs ensemble, et tantôt tous à la fois.

1. *Traité de l'amour de Dieu,* l. Ier, ch. III.

« C'est le flot de nos craintes ou de nos espérances ; c'est le flot de nos tristesses ou de nos joies ; c'est le flot de nos colères ou de nos vengeances ; c'est le flot de nos orgueils et de nos ambitions ; c'est le flot de nos haines et de nos jalousies. Et ces flots, qui s'appellent les uns les autres, viennent quelquefois, par leurs secousses répétées, battre, en la menaçant, notre faible et fragile vie, comme les vagues viennent se briser sur les flancs d'un frêle navire : et je crois voir d'ici l'homme assailli par ses passions, environné des ténèbres qu'elles font autour de lui, pareil au nautonier cherchant l'étoile à travers les nuages et luttant contre la tempête. » [1]

La philosophie ancienne compte six passions de l'appétit concupiscible et cinq de l'appétit irascible.

Les premières sont : *l'amour, le désir, la joie, la haine, l'aversion, la tristesse.*

Les cinq autres sont : *l'audace, l'espérance, la crainte, le désespoir, la colère.*

On le voit, dans ces cinq passions irascibles, une certaine difficulté se trouve jointe à la condition de présence ou d'absence de l'objet. Tous ces mouvements sont souvent indélibérés et purement spontanés ; dans ces attractions et ces répulsions, nous sommes tout d'abord *passifs ;* voilà pourquoi nous appelons ces premiers mouvements *passions.*

b) Leur source. — Elles ne viennent pas de l'intelligence, qui est par nature calme et sereine, qui assiste à ce spectacle intérieur, mais qui ne le fait pas. Les passions d'ailleurs précèdent toute réflexion.

Elles ne sont pas créées non plus par l'imagination. Cette puissante magicienne peut ajouter à ce drame intime des péripéties nouvelles ; mais elle n'est d'ordinaire pour rien dans l'origine des passions. Elles

---

1. *Des Passions,* 1re conférence, les Passions dans la nature, 1800.

ne proviennent pas enfin de la volonté qui, chez les chrétiens, doit leur faire obstacle.

« Résister à l'attaque, continue le P. Félix, et vaincre dans le combat, c'est la puissance de mon humaine liberté, armée de la grâce divine; mais subir l'attaque et en ressentir les secousses, c'est la nécessité de ma vie. Là l'empire de ma libre activité finit; là l'empire de la passivité commence; et tout me crie que ma volonté elle-même, si puissante et si souveraine soit-elle, n'est pour rien dans ces mouvements et dans ces agitations intérieures, dont les secousses et les violences s'imposent à moi sans moi, et, le plus souvent, malgré moi. » [1]

Les passions dérivent donc comme de leur source de l'appétit sensitif qui est frappé des beautés comme des laideurs sensibles et qui éprouve naturellement des sympathies et des antipathies.

On l'a dit, le cœur humain n'a que deux passions : l'amour et la haine; l'amour par lequel il poursuit et attire; la haine par laquelle il fuit et repousse. Cette division, qui résume en deux toutes les passions, n'est pas encore ici la grande simplification : car le fait est que, fondamentalement, il n'y a pas même deux passions, il n'y en a qu'une. Posez l'amour; vous les faites toutes naître et vous voyez leur diversité se résoudre dans leur unité. [2]

c) Leur rôle. — Prise en elle-même et considérée dans sa substance, la passion n'est qu'un phénomène dans l'âme, elle *n'implique aucune malice formelle, elle n'est ni bonne, ni mauvaise,* car elle se précipite avant toute réflexion et toute délibération. Par le fait de son existence, elle ne relève d'aucune volonté libre, par conséquent elle n'impose aucune responsabilité. Il y a de bonnes passions, car il y a des attractions et des répulsions légi-

---

1. *Des Passions*, loc. cit.
2. Bossuet, *De la Connaissance de Dieu et de soi-même*, ch. I, 6. — Cf. Saint Thomas, *Somme théol.*, 1re 2e, q. XXIV, a. 2.

times. Un homme, par exemple, peut éprouver parfois de saintes colères, des tristesses permises et
notre divin Maître a voulu, sous ce rapport comme
sous tous les autres, nous servir de modèle.

Ce qui fait le mal moral de la passion, c'est la dé-
viation du but, c'est son détournement volontaire
dans une direction opposée à sa vraie destinée. Ainsi
la vengeance est souvent criminelle.

On le voit, la passion est une arme à deux tranchants
qui peut servir aux actions héroïques ou aux crimes
les plus horribles. On l'a comparée souvent à un coursier
fougueux qui, livré à son impétuosité naturelle, nous
transporte rapidement en risquant de nous précipiter
dans les abîmes.

Quand l'homme se laisse dominer par ses passions, il n'agit plus, dit Malebranche, il est agi. Elles
sont de leur nature aveugles et aveuglantes, et ressemblent parfois, dans leurs effets les plus excessifs, à
une sorte de fièvre ou même de folie. Elles en viennent à dominer presque complètement l'imagination,
l'intelligence et la volonté, et à exercer sur le moral
la plus désastreuse influence. Elles enlèvent en effet
tout scrupule avant de faire un acte condamnable, et
tout remords après l'avoir commis. Ces transports
sont quelquefois si spontanés et si violents, qu'ils
nous ôtent toute responsabilité morale. Parfois en
effet le péché est nul, même quand l'homme com-
met un acte intrinsèquement mauvais. Le plus
souvent la passion diminue le volontaire et par là-
même la faute, mais elle ne les enlève pas complètement.

Des philosophes se sont trouvés qui ont été assez
abjects pour vouloir légitimer et diviniser les passions, même les plus grossières. La conscience hu-

maine proteste contre ces attentats. Même quand
elle tombe, l'âme honnête affirme que ses passions ne
sont pas le bien et se repent de ses écarts momen-
tanés.

« Je le sais, dit le P. Félix, quelques hommes çà et là se
rencontrent qui osent protester contre la force et la
majesté de ce témoignage. Mais ils l'essayent en vain; et
les efforts insensés que font ces hommes deux fois per-
vertis, pour donner aux passions et à leurs déportements
la consécration d'une chose légitime et sainte, achève précisément ce témoignage qu'ils prétendent anéantir. Et ces
hommes qui outragent la conscience du monde entier,
l'humanité les désavoue, les réprouve et les maudit. Elle
les couvre d'un mépris qui n'est égalé que par celui qu'ils
sont forcés de se vouer à eux-mêmes; car force leur est,
dans ce qu'ils nomment leurs triomphes, de voir en eux
les assassins de leur propre grandeur. Et à force de vouloir
justifier et légitimer leurs passions, ils n'aboutissent qu'à
soulever contre elles, du fond de l'humanité et du fond de
leur propre conscience, une malédiction et un anathème
de plus.

« Mais, je l'ai dit, avec ce témoignage de l'humanité qui
cède à ses passions et par elles se laisse vaincre, il y a le
témoignage de l'humanité qui leur *résiste* et les combat;
et ce témoignage est encore plus fort et plus démonstratif
que le premier. » [1]

De plus, si l'âme humaine sait régler ses passions
sans les étouffer, à quelle grandeur en tout genre ne
peut-elle pas parvenir ? C'est la passion dans son
sens le plus élevé qui fait le poète et lui inspire ses
accents les plus émus ou les plus indignés. C'est la
passion qui transporte l'orateur et lui arrache ces
cris du cœur qui soulèvent les multitudes. Ainsi
s'expliquent les triomphes de Lacordaire en chaire, de
Berryer à la tribune, d'O'Connell dans les réunions
du peuple irlandais.

---

1 *Des Passions*, Du mal des passions, p. 62.

C'est la passion de gagner des âmes à Jésus-Christ qui viendra succéder dans le cœur de saint François-Xavier à toutes les ambitions humaines et qui le poussera sur la route des Indes et du Japon. C'est une passion aussi soutenue qu'ardente du bien public qui permettera à Garcia Moreno de régénérer l'Équateur et qui fera de lui un véritable héros chrétien.

d) Leur utilité. — Quelques-uns, ne voyant que les effets désastreux des passions, ont souhaité de les anéantir dans leur germe même, en supprimant le désir. Tel est l'excès où est tombé le stoïcisme antique. Autant vaudrait supprimer l'air à cause des orages, et le feu à cause des incendies.

« Tels sont, en effet, les éléments : ils créent et détruisent, et leur puissance de création est égale à leur puissance de destruction. Les passions font de même. Dans les mouvements impétueux et l'exaltation de nos désirs, elles nous donnent les plus sublimes joies de la vie, le plus profond sentiment de l'existence ; mais c'est à elles que nous devons aussi, par un retour inévitable, les plus poignantes douleurs et les plus horribles infortunes. Elles soufflent le désespoir et la félicité, les plus grandes douleurs et les plus ineffables délices sur notre destinée. Qu'on fasse leur procès aux éléments, à cause du monde physique et du monde moral ; personne, s'il ne veut cesser de vivre, ne souhaitera la mort des éléments. Malgré leurs terreurs et leurs désastres, malgré le poids implacable dont ils écrasent le cœur de l'homme comme le vermisseau sous la roue, qui voudra néanmoins, préférant le calme plat de l'âme et l'immobilité des choses, anéantir en soi la cause de toute vie, de tout mouvement, et de toute passion ? Qui voudra tuer le désir ? » [1]

Un homme sans passions serait comme une sorte de mer morte qu'aucun souffle de générosité, de foi ou d'honneur ne pourrait jamais venir rider. Ce cœur

1. Rabier, *Psychologie*, p. 516.

ne connaîtrait ni les saints enthousiasmes du dévouement catholique ni

Ces haines vigoureuses
Que doit donner le vice aux âmes vertueuses. [1]

Il serait semblable à ces infortunés que Dante a
vus dans un des cercles de son *Enfer :*

« Voilà, s'écrie-t-il, le sort de ces âmes malheureuses
qui vécurent sans vice ni vertu. Elles sont confondues
avec les anges indignes qui, dans leur égoïsme, ne furent
ni fidèles ni rebelles à Dieu... Le monde n'a gardé aucun
souvenir de leur existence ; la miséricorde et la justice les
dédaignent à la fois. Ne parlons plus d'elles, mais regarde
et passe. » [2]

Résumons maintenant les connaissances acquises
jusqu'ici : cela nous permettra de nous rendre un
compte exact et complet de la méthode que nous
avons suivie.

Nous avons étudié sous le titre général de facultés
sensitives toutes les aptitudes communes à l'homme
et à l'animal ; mais nous avons expliqué en même
temps combien l'intelligence élève ces puissances soit
perceptives, soit affectives. Par là, nous combattons
d'abord l'idéalisme de l'école de Malebranche (p. 25),
puis les théories dégradantes du matérialisme (p. 26).

Après avoir compris ce qui précède, nous aurons
pénétré dans le secret de la vie animale, nous saurons
démêler la cause des confusions où sont tombés tant
de matérialistes, et aussi quelques observateurs mal
préparés à l'interprétation vraiment philosophique des
faits. Nous devinerons également pourquoi ils ont été
portés à mettre beaucoup du leur dans l'esprit qu'ils
accordent si généreusement aux bêtes, et pourquoi ils

---

1. Molière, *Misanthrope*, act. I, sc. 1re.
2. *Enfer*, chant III.

s'efforcent d'effacer la limite qui sépare l'homme de l'animal. Nous soupçonnerons la raison pour laquelle ils cherchent à faire de nous les frères aînés des brutes, sans que rien nous sépare d'elles quant à la nature. Il y a longtemps que le Psalmiste l'a dit : « L'homme, élevé dans l'honneur, n'a point compris sa dignité ; il s'est comparé aux bêtes sans raison et est devenu semblable à elles. » [1]

Sans doute, c'est une partie de nous-mêmes que nous avons contemplée jusqu'ici, mais ce n'est que la partie la moins noble. Si nous nous rattachons aux êtres inférieurs par notre corps, il y a cependant plus de différence entre le moins imparfait des animaux et le plus grossier des Hottentots, qu'entre l'être le moins développé du règne animal et celui qui l'est le plus. L'homme est un règne à part, et si nul ne songe à faire entrer les brutes dans le règne végétal, pourquoi pourrait-on concevoir l'absurde et humiliant projet de renfermer le fils d'Adam dans le règne animal ?

Peut-être aurions-nous pu déterminer ce domaine de la sensibilité d'une façon plus digne de la noblesse de l'homme, en procédant par voie d'élimination. Nous aurions dit : Tout ce qui appartient à l'âme séparée n'est pas du domaine de la faculté sensitive ; tout ce que la mort enlève à l'homme est au contraire le propre de cette faculté. En effet, lorsque saint Thomas vient à parler de l'état de notre âme, quand la mort l'a détachée du corps, il s'exprime ainsi :

« L'intelligence et la volonté, qui se rapportent à l'âme comme à leur sujet propre, doivent nécessairement rester en elles après la destruction du corps. Il n'en va pas de même des puissances qui ont pour objet l'être composé ;

1. *Ps.* xlviii, 13.

celles-ci ne peuvent persévérer puisque le composé humain est détruit; elles ne demeurent dans l'âme que virtuellement, comme dans leur principe et dans leur source. »[1]

Si donc nous connaissions parfaitement l'état de l'âme séparée, nous arriverions plus vite et plus dignement peut-être à déterminer avec précision ce qui lui appartient en propre. Malheureusement, les données que nous possédons sous ce rapport sont plutôt conjecturales qu'évidentes, et comme elles ne sont pas fondées sur l'expérience, elles ne sauraient servir de base à une exposition vraiment scientifique.

Qu'il nous suffise de savoir que l'âme séparée ne peut faire un acte de la vision, ni des autres sens, qu'elle est incapable de se servir du sens commun, de l'imagination, de l'instinct ou de la mémoire purement sensible, que son appétit sensitif ne saurait se réjouir ou s'attrister, en un mot que la sensibilité externe ou interne ne peut accomplir en elle ses actes propres. En effet, l'âme est alors momentanément privée de ses organes et il lui est impossible de s'acquitter de ses fonctions sensitives.

Au moment de la résurrection générale, le corps sera réuni à l'âme et à partir de cet instant, soit au ciel, soit en enfer, les facultés sensitives reprendront leurs fonctions et se serviront de leurs organes comme elles en usaient sur la terre.

On le voit, l'étude de l'animal doit avoir sa place en psychologie. Elle éclaire l'étude de l'homme. « S'il n'existait pas d'animaux, dit Buffon, la nature humaine serait bien plus incompréhensible. »

En continuant à suivre la même méthode expérimentale et notre comparaison avec le règne animal,

---

1. *Somme théol.*, 1re partie, q. LXXVII, a. 8 et q. LXXIX, a. 7. — Cf. *Suppl.*, q. LXX, a. 1 et 2 et IV *Sent.*, dist. I, q. I.

nous disons encore : Si nous trouvons en nous des facultés qui sont supérieures aux sensations, soit perceptives, soit affectives, que nous avons analysées chez l'animal et chez l'homme, nous saurons que ces puissances appartiennent en propre à l'âme humaine et non au composé humain [1].

Sans doute les opérations des facultés sensitives seront comme à la base de nos actes intellectuels ou volontaires, mais elles se trouveront partout dépassées par des puissances supérieures, par l'intelligence et la volonté. Ce sont ces deux facultés que nous nous proposons maintenant de considérer dans leur *essence*, dans leur *objet* et dans leurs *moyens d'action*.

1. Cf. H. Joly, *Psychologie comparée, l'homme et l'animal* (1886), 2ᵉ édit.

LIVRE SECOND

DES FACULTÉS SPIRITUELLES

CHAPITRE PREMIER

DE L'INTELLIGENCE

1° DE L'INTELLIGENCE EN GÉNÉRAL
- *a* De l'intelligence divine, angélique.
- *b* Manière de comprendre particulière à l'intelligence de l'homme.

2° SON OBJET, LE VRAI
- *a*
  - De la vérité ontologique, logique, morale.
  - De l'évidence, critérium de certitude.
  - De la certitude { ce qu'elle est. / ce qu'elle n'est pas.
- *b*
  - Des divers instruments qui viennent en aide à l'intelligence pour atteindre le vrai ....
    - Sens externes.
    - Mémoire.
    - Conscience.
    - Témoignage.

3° SES MOYENS POUR ARRIVER AU VRAI (MÉTHODE)
- Appréhension.
- Jugement.
- Raisonnement { Déduction. / Induction.
- Fautes de raisonnement, sophismes.
- Mémoire intellectuelle.
- Science, ses diverses espèces.

CHAPITRE PREMIER

De l'intelligence·

§ I. — De l'intelligence en général

Nous l'avons déjà dit (p. 32), la différence la plus profonde et la plus philosophique qui puisse être observée entre les êtres consiste dans leurs diverses manières de connaître. L'intelligence humaine a son mode propre d'appréhension de la vérité. Elle est bien au-dessus de cet instinct purement animal qui procure seulement une connaissance rudimentaire, informe et particulière ; mais elle se trouve en même temps bien au-dessous du mode de connaissance qui est propre à Dieu, comme de celui qui appartient aux anges.

a) Dieu se connaît parfaitement, il se comprend avec tous ses attributs, il les voit avec leur admirable rayonnement dans le temps et dans l'espace, il aperçoit, en cette cause première qui n'est autre que lui-même, tout ce qui est possible comme tout ce qui existe. Tout procède de lui et préexiste en lui. L'objet de l'intelligence divine, comme de tout esprit, est de connaître le vrai ; mais, seul, Dieu le connaît sous tous ses rapports. Il le saisit par une intuition directe et simple, sans mélange possible d'erreur. Sa science n'est point successive ; par un seul regard et dans un seul principe qui est sa propre essence, tout l'être lui apparaît, le sien d'abord, puis tout ce qui vient de lui et qui n'a qu'une existence participée. [1]

1. Cf. Monsabré, *Carême de 1874 et de 1875*, 8ᵉ et 15ᵉ *conf.*

En un mot, comme le dit saint Thomas, *Dieu se connaît autant qu'il est connaissable, car en lui l'intelligible et l'intelligence ne sont qu'une seule et même chose sous tous les rapports.* [1]

Adoptons ici le principe si vrai et si fécond de saint Grégoire le Grand : « Dieu *est* tout ce qu'il *a*, » [2] affirme-t-il. Appliquons cette formule en disant : Dieu *n'a* pas l'intelligence, il *est* l'intelligence même.

Avouons-le, nous avons beaucoup de peine à comprendre comment Dieu connaît. L'œil de notre esprit est, relativement à lui, plus faible que l'œil d'un oiseau de nuit mis en face du soleil.

Au premier degré après le Créateur, mais séparé de lui par un abîme, apparaît l'ange. *Comme Dieu, cet esprit céleste a pour objet l'intelligible, mais il le voit d'une façon fragmentaire et autant que le souverain Maître le lui accorde.*

Dans les idées que Dieu a déposées en lui, l'ange contemple comme en un clair miroir, quoique d'une façon incomplète, l'essence et les perfections divines. Qu'il ait persévéré dans le bien ou qu'il soit tombé dans le mal, il garde ces idées qui appartiennent à sa nature même.

S'il est resté fidèle à la grâce, il est dans la récompense et dans la gloire ; il jouit donc de cette vision intuitive qui ne détruit pas sa nature, mais qui la perfectionne. C'est *un accident divin* ajouté à son angélique substance. Il voit plus et il voit autrement.

Mais, même dans l'ordre naturel, tout ce qui est esprit, tout ce qui est corps, se reflète dans l'intelligence lumineuse des anges. Ils connaissent la matière, et, s'ils ne la dominent pas toujours entièrement, ils

1. *Somme théol.*, 1ᵉ partie, p xiv, n. 2.
2. S. Grégoire, *Moral.*, l. XVI, 43.

savent pénétrer pourtant dans la vertu des causes qui
font mouvoir tout cet univers. Ces esprits célestes
« ne sont pas condamnés à ces pénibles chevauchées
de la raison qui court après la vérité, compose, divise [1]
et arrache péniblement la conclusion aux principes.
Ils saisissent d'un seul coup d'œil toute la portée des
vérités premières. Leur intuition est si prompte, si
vive, si profonde, qu'il leur est impossible d'être,
comme nous, surpris par l'erreur. » [2]

Donc, la connaissance de Dieu diffère de celle de
l'ange, et celle-ci de celle de l'homme, par rapport à
l'objet qui est plus vaste, comme par rapport au mode
qui est absolument divers.

b) Ces données préliminaires nous permettront de
mieux comprendre quelle est la différence entre les
esprits supérieurs et l'intelligence humaine, et quelle
est en même temps la façon spéciale dont l'homme
saisit la vérité. Nous avons déjà vu (p. 41) les conditions de la perception purement organique. Elle se
compose de quatre actes successifs, *l'impression* reçue,
la transmission au cerveau, *l'excitation cérébrale* qui en
est la suite, enfin *la sensation proprement dite.* Ce sont
les sens ainsi frappés qui fournissent les premiers
éléments de l'idée.

*L'acte intellectuel ne s'arrête pas, comme la sensation, à
un simple fait déterminé, actuel et concret; il consiste spécialement à faire abstraction des conditions matérielles de l'objet,
à en saisir l'essence et à en dégager l'idée générale.* J'ai, par
exemple, un cheval sous les yeux. Mon intelligence le

---

1. On compose, c'est-à-dire que l'on place ensemble le sujet et
l'attribut, quand on affirme que l'attribut convient au sujet. On
divise au contraire lorsqu'on nie qu'ils puissent se convenir.
C'est un jugement affirmatif ou négatif. Voir p. 111.

2. Monsabré, 18° *conf.*, p 149.

dépouille de toute son apparence physique, de tous ses accidents de grandeur, de couleur, de lieu, de temps; elle pénètre jusqu'à son essence, c'est-à-dire jusqu'à ce qui fait que cet animal est ce qu'il est, et non pas un autre être créé. Bien plus, elle déclare que cette essence ainsi abstraite convient à toute la race chevaline, à tous les chevaux existants et même possibles. L'esprit s'ouvre indéfiniment et laisse pénétrer en soi tous les êtres sous une forme intelligible. L'âme devient ainsi *en quelque sorte toutes choses*, nous l'avons déjà dit après Aristote, reproduit par toute la scolastique. [1] En effet, elle peut comprendre sous cette forme abstraite et universelle tout ce qui est compréhensible, et ses idées deviennent pour ainsi dire elle-même.

Elle reçoit *par les sens externes ou internes* les images matérielles et sensibles des objets de connaissance, tandis que, *par l'intelligence*, elle arrive à obtenir de ces mêmes objets une représentation immatérielle et spirituelle. L'être qui est incapable de connaître, la pierre, par exemple, ne saurait recevoir une autre forme que celle qu'elle a naturellement. Au contraire, le sujet connaissant reçoit par les images un très grand nombre de formes diverses; il devient par là pierre, bois, marbre, rouge, noir, en un mot, tout ce qu'il peut connaître.

Le sujet connaissant s'unit ainsi à l'objet que l'on veut connaître, pour produire l'idée d'essence d'abord, puis pour appliquer cette idée à l'espèce tout entière. L'homme parvient à la vérité intelligible par un mode qui n'est ni celui de Dieu ni celui de l'ange; mais qui

---

1. Cf. S. Thomas, *Somme théol.*, 1re partie, q. LXXX, a. 1; q. LXXXIV, a. 2, ad 2um; 1e 2e, q. IV, a. 4, et passim.

est absolument conforme au double élément composant sa nature. D'un côté, ce mode caractérise son infériorité à l'égard des esprits célestes comme de leur Créateur; de l'autre, il établit son immense supériorité sur les animaux. Sa manière de saisir les objets est d'un ordre à part; elle ne dépend point intrinsèquement des organes; son principe immédiat est l'âme et non pas le composé humain.

Par conséquent elle ne saurait être une sorte d'évolution de la sensation, comme le pensent certains physiologistes [1] et nombre de médecins matérialistes. Dans leur semblant de philosophie, ces savants ont voulu matérialiser ce qui est esprit, comme en d'autres cas ils ont prétendu spiritualiser la matière, c'est-à-dire prêter à ce qui est matériel des qualités qui appartiennent en propre à la créature spirituelle. [2] Avec l'aide de quelques psychologues contemporains, [3] ils se sont efforcés de combler l'abîme, l'hiatus impossible à franchir qui sépare l'animalité de l'humanité. Par une tactique plus audacieuse que réellement scientifique, ils ont cherché à rendre indécises et même à supprimer toutes les frontières qui séparent le monde de la matière de celui de l'esprit, et ils ont parfois poussé

---

1. Cuvier, *Le règne animal*, t. Ier, Introd. *Exposé rapide des fonctions intellectuelles chez les animaux.* Bichat, *Recherches physiologiques sur la vie et la mort*, 1re partie, a. 6.

2. Thèse du docteur Grenier, reçue en 1868 par la Faculté de médecine de Paris et stigmatisée à l'Assemblée nationale par Mgr Dupanloup. Le jeune matérialiste y déclare possible que les locomotives aient des passions et des volontés. « Il n'y a là rien de contradictoire, ajoute-t-il, mais ce fait n'est pas encore constaté. » Voir *Journal Officiel* du 12 juin 1874. — Cf. Mgr Dupanloup. *L'athéisme et le péril social*, p. 85 (1866) ; *Les alarmes de l'épiscopat justifiées par les faits*, p. 39 (1868).

3. Cf. Ch. Richet, *Essai de psychologie générale*, 1887, in-12. — F. Paulhan, *La physiologie de l'esprit*, in-18. — U. Van Ende, *Histoire naturelle de la croyance*, 1887, in-8°.

jusqu'aux plus extrêmes limites la doctrine darwiniste de l'évolution.

Dans notre psychologie nous ne devons jamais oublier le point de vue, utile et élevé à la fois, de l'éducation. L'intelligence humaine joue dans l'éducation un rôle dont il serait puéril de contester la grandeur. Cependant n'oublions pas que les pédagogues d'aujourd'hui l'exagèrent souvent. Ils s'appuient peut-être sur cet axiome de Renan : « Une belle pensée vaut une belle action. »

Pour nous, catholiques, nous savons que l'essentiel est d'enseigner la vertu et de former la volonté d'après les principes du devoir. L'intelligence sert grandement pour arriver à ce but, mais elle ne suffit pas seule à former un honnête homme.

Il est inutile de rappeler sur ce point l'opinion unanime des croyants. Citons un libre penseur, représentant autorisé de la philosophie darwinienne : [1]

« Tout le monde paraît croire, écrit Herbert Spencer, que la conduite est dirigée par les connaissances et non par les sentiments. L'idée qui fait travailler avec tant d'ardeur à l'organisation de l'instruction n'a pas d'autre point de départ. On lit partout que l'ignorance est la mère du vice, que la plupart des condamnés sont illettrés. Il y a d'autres causes de la corruption morale. Sont-ils donc des ignorants les fondateurs des sociétés véreuses, les marchands de denrées falsifiées, les usurpateurs de marques de fabrique, les voleurs au poids, les tripoteurs du turf, les agioteurs, les empoisonneurs ? Comment, en effet, la connaissance de la table de multiplication ou la pratique des additions et des divisions pourrait-elle réprimer les

---

1. Charles Darwin, naturaliste anglais, est né en 1809. Il affirme que les animaux et les plantes dérivent tous d'un petit nombre de formes primitives, que leurs modifications successives dépendent d'une loi constante de transformation et d'évolution. Son principal ouvrage est intitulé *De l'origine des espèces par voie de sélection naturelle* (1859). Il est mort en 1883.

tendances égoïstes de l'homme ? Comment les exercices
d'orthographe et l'analyse grammaticale développeraient-
ils l'amour de la justice ? Pourquoi, enfin, des notions géo-
graphiques augmenteraient-elles le respect de la vérité ?
Celui qui croirait enseigner la géométrie en faisant des
cours de latin, ou qui se figurerait apprendre la musique
en dessinant, ne serait guère plus fou que ceux qui espè-
rent rendre l'homme meilleur en exerçant ses facultés
intellectuelles... On agit rarement conformément à ce que
l'on sait... La foi aux livres de classe et à la lecture est
une des superstitions de notre époque. »[1]

Servons-nous donc de l'élévation progressive de
l'intelligence pour fortifier la vertu et augmenter le
courage moral. Louons l'instruction comme moyen
d'éducation ; mais ne croyons jamais aux effets mora-
lisateurs de l'instruction seule, de la science qui fait
abstraction de tout le reste et qui affecte de ne pas se
soucier des règles de la conduite.

§ II. — De l'objet de l'intelligence

L'intelligence est née pour le *vrai*. Quand celui-ci
lui apparaît avec *évidence*, il produit en elle la *certitude*.
Mais dans cette recherche de la vérité la faculté intellectuelle n'est pas seule ; elle s'aide de certaines
autres, juge les rapports qu'elles lui font, et arrive
ainsi à la pleine conquête de son objet.

DU VRAI, DE L'ÉVIDENCE, DE LA CERTITUDE

Du vrai. — Il s'est rencontré des philosophes qui
ont nié l'existence de la vérité ou la possibilité pour

---

1. Herbert Spencer est un philosophe anglais né en 1820. Bien
que cet écrivain soit très loin de partager nos idées, on ne peut
lui nier cependant une indépendance de pensée aussi grande
que son originalité d'esprit. L'ouvrage dont nous citons un
extrait est intitulé : *Introduction à la science sociale* (trad. franç.
en 1873).

l'homme d'y arriver et qui ont érigé le doute en système. Ils se nomment sceptiques (d'un mot grec qui signifie *chercher*). Ils se condamnent à être toujours en quête de l'objet de l'intelligence sans espoir de le trouver jamais.

Leur principe général est celui-ci : *Il n'y a qu'une seule chose vraie, c'est que rien n'est vrai.* Le bon sens objecte immédiatement qu'il reste au moins une affirmation véritable, celle qu'ils énoncent et qui soutient que rien n'est vrai ; dès lors, leur scepticisme n'est plus universel. Aussi Pascal assure-t-il qu'il n'y eut jamais de sceptique effectif et parfait. « La nature, dit-il, soutient la raison impuissante et l'empêche d'extravaguer jusqu'à ce point. »[1] — « C'est une secte, non de philosophes, mais de menteurs, » ajoute Fénelon.[2]

La première école du scepticisme qu'on vit naître dans l'antiquité fut celle de Pyrrhon, en Grèce (340-285). C'est pourquoi cette erreur a été appelée aussi pyrrhonisme.

Chez les modernes, l'histoire cite Montaigne († 1692) avec sa fameuse devise : *Que sais-je?;* Bayle († 1706), qui se nommait lui-même « l'assembleur de nuages » ; Hume († 1776), philosophe et historien anglais. « Ce dernier, dit de Maistre, fut le plus dangereux et le plus coupable de ces écrivains funestes, celui qui a employé le plus de talent, avec le plus de sang-froid, pour faire le plus de mal. »

Dans notre siècle, Kant († 1804) a été le chef d'un grand parti idéaliste qui mène droit au scepticisme. Un certain nombre de beaux talents dévoyés, comme Jouffroy († 1842), Lamennais († 1854), et bien d'autres sont tombés dans cette désespérante erreur.

1. Pensées, *Apologie de la religion*, XLII.
2. *Lettres sur la Religion*, Lettre II, ch. III, 3.

D'après Renan, « l'homme n'est jamais assez sûr de
sa pensée pour jurer une fidélité inviolable à tel ou
tel système qu'il regarde maintenant comme le vrai...
La foi qu'on a eue ne doit jamais être une chaîne. On
est quitte envers elle, quand on l'a soigneusement
roulée dans le linceul de pourpre où dorment les
dieux morts. » [1]

Lamartine a dépeint le scepticisme, quand il a écrit :

Rien n'est vrai, rien n'est faux ; tout est songe et men-
Illusions du cœur qu'un vain espoir prolonge.   [songe,
Nos seules vérités, hommes, sont nos douleurs...
Plus nous ouvrons les yeux, plus la nuit est profonde.
Dieu n'est qu'un mot rêvé pour expliquer le monde. [2]

Il est pourtant philosophiquement certain que la
vérité existe, et que l'homme, malgré ses faiblesses
intellectuelles et ses passions, malgré le péché originel, source de toutes les erreurs, peut arriver à la
conquérir et à la posséder.

Saint Thomas, après le philosophe Isaac, a donné
cette définition célèbre du vrai : *C'est l'équation de l'intelligence avec son objet.* [3] Cette définition est, dit de
Maistre, un éclair de la vérité se définissant elle-même.
*Le vrai, c'est ce qui est; c'est l'être même en tant qu'il est
intelligible; le faux, c'est ce qui n'est pas.*

Il y a trois sortes de vérités :

1° *Le vrai* **ontologique** *est en soi l'équation de la chose
avec l'intelligence du Créateur.* Tout être qui existe est
la réalisation d'une idée divine. Cette réalité apparaît
dans tout son éclat, avec toutes ses parties et toutes

1. *Souvenirs d'enfance et de jeunesse.* Voir *Correspondant* du
10 juillet et du 25 décembre 1882.
2. *Harmonies poétiques et religieuses*, l. II, 7. *Le tombeau d'une mère.*
3. 1re partie, q. XVI, a. 2, et q. XXI, a. 2.

ses relations, devant les yeux toujours ouverts du Dieu qui l'a faite. Les êtres inférieurs à lui ne peuvent point parvenir à la saisir.

2° *Le vrai* **logique** *est l'équation entre l'intelligence humaine et son objet.* Notre intelligence aspire sans cesse à conquérir la vérité. Son effort est d'y tendre toujours, son désespoir est de ne pouvoir jamais l'atteindre complètement. Elle arrive pourtant à connaître sous certains rapports les objets qui lui sont présentés. Cette science nous suffit ici-bas; elle ne saurait être parfaite : le principe, qui est notre esprit, étant fini, la connaissance qu'il engendre l'est également. Mais, par exemple, nous sommes sûrs de notre existence, nous voyons et nous touchons notre corps, nous subissons l'influence de notre âme, nous possédons la certitude sur une foule de points de philosophie, d'histoire, d'expérience personnelle. Donc, le scepticisme absolu est une pure impossibilité.

3° *Le vrai* **moral**, *ou plutôt la véracité, est l'équation entre notre pensée et notre parole.* C'est une question de morale pratique réglée par le huitième commandement. On peut se tromper en croyant dire la vérité; mais dans ce cas l'équation reste exacte : c'est une erreur, ce n'est pas un mensonge.

De l'évidence. — 1° *La lumière qui rend manifeste la vérité des choses se nomme* **l'évidence**; c'est elle qui, une fois perçue, engendre nécessairement la certitude.

Cette clarté, considérée *objectivement*, illumine, entoure pour ainsi dire l'objet de notre contemplation, la rend sensible, comme un flambeau allumé dans une chambre obscure rend visible un tableau de prix. Cette manière dont la vérité se manifeste comme présente, entraîne ensuite l'assentiment de l'esprit.

2° L'évidence *est la règle suivant laquelle l'intelligence doit juger les choses; c'est le seul vrai* **critérium** *de certitude*.

Ce terme vient d'un mot grec qui signifie discerner, parce que le critérium est la pierre de touche qui nous fait juger que telle chose est ou n'est pas. L'évidence est la cause efficiente de notre certitude; nous concentrons, pour ainsi dire, sur un seul point la lumière intellectuelle; cet éclat rend l'objet très visible et fait que sa vérité est frappante. Je prends cette proposition : *L'homme est mortel*. Les deux termes de ce jugement sont liés de manière à ce qu'on ne puisse pas ne pas apercevoir la vérité de cette liaison, et cette vérité qui éclate est le motif de l'assentiment de l'esprit. C'est alors dans la lumière de l'intelligence que l'objet paraît évident et l'on comprend ainsi comment l'évidence devient *subjective*.

C'est grâce à l'évidence que nous sommes sûrs de la vérité de perception des sens intérieurs ou extérieurs. Les conclusions de nos raisonnements sont-ils éclairés par la lumière de principes évidents, nous leur donnons aussi notre entière adhésion. Le témoignage des hommes est-il revêtu des conditions qui rendent sa vérité manifeste, éclatante, nous croyons à son autorité. Au contraire, quand l'évidence n'existe pas, nous doutons; nous déterminons aussi par elle le plus ou moins de probabilité de nos opinions.

3° Certains philosophes ont inventé d'autres critériums qui sont faux ou incomplets.

Quelques illuminés ont placé le critérium *à l'intérieur, dans un* sentiment aveugle, *un attrait irréfléchi que nous éprouvons pour telle ou telle affirmation*. D'autres, comme Huet, évêque d'Avranches, au siècle dernier († 1721); et Bautain, de nos jours († 1867), ont mis

le critérium unique *dans la foi*. Nous ne pouvons être
certains de rien, selon eux, tant que la foi n'est pas
venue confirmer les données de la raison. Cette erreur,
qu'on nomme le **Fidéisme**, a été rejetée par le pape
Grégoire XVI, en 1840. On accuse souvent l'Église de
dédaigner les droits de la raison : elle s'en est montrée,
en cette circonstance comme en mille autres semblables, le plus ferme défenseur.

Certains catholiques modernes ont voulu placer le
critérium *dans la tradition*. Rien ne peut être vrai s'il
ne nous vient de la source traditionnelle; c'est la
tradition qui nous enseigne toute vérité. L'Église, tout
en reconnaissant la valeur de cette tradition qui est
une règle de foi, tout en ne dédaignant pas les traditions humaines et historiques qui ont cours, sur le
déluge par exemple, n'a pas admis le système bien
différent et bien plus exclusif qu'ont prôné de Bonald [1]
(† 1840) et Bonnetty († 1879), [2] et qui s'appelle le **Tra-
ditionalisme**.

Lamennais a donné plusieurs fois comme unique
critérium le **consentement universel des hommes**. Il
réclame une sorte de plébiscite de tous les peuples en
faveur d'une croyance pour qu'elle doive être reconnue
comme vraie. Nous ne nions pas la valeur relative de
la preuve tirée de cette sorte de suffrage universel des
intelligences. « Personne n'a trompé tous les hommes,
dit Pline, et tous les hommes n'ont trompé personne. »

Nous usons parfois de cette démonstration, comme
supplément de preuve et au point de vue historique,
pour démontrer certaines vérités, comme l'existence
et l'unité de Dieu, la Providence, la chute du premier

1. *Recherches philosophiques sur les premiers objets des connaissances
humaines*, t. I.

. 2. *Annales de philosophie chrétienne*, 4° série, vol. VIII..

homme, etc. Mais la vérification est difficile et nous
devrions nous résoudre en ce cas à avoir très peu de
vérités absolument démontrables et démontrées. De
plus, ce serait la destruction de l'intelligence individuelle. Ces critériums eux-mêmes supposent nécessairement la valeur du critérium de l'évidence, puisqu'ils considèrent comme acquises une foule de
vérités qui ne peuvent être admises que parce qu'elles
sont évidentes.

De la certitude. — *La vérité se montrant avec évidence
à notre regard intellectuel, engendre la certitude, c'est-à-dire
qu'elle pousse l'intelligence à porter un jugement sur l'objet
évident qui lui est proposé et qu'il s'en suit naturellement le
repos de l'esprit dans la possession du vrai.* L'idée que
j'ai dans mon intelligence est conforme à l'objet; la
lumière de l'évidence me fait saisir cette ressemblance
complète, l'exactitude de cette équation, la vérité
logique m'apparaît dans tout son éclat, je suis certain
et mon esprit se complaît dans cette ferme adhésion.

La certitude est d'abord *objective;* c'est cette force
qu'a l'objet de saisir et d'impressionner la faculté,
c'est l'aptitude qu'il possède à forcer l'assentiment du
sujet. Ainsi sommes-nous certains de la liberté
humaine, de l'unité de Dieu, etc... Elle devient ensuite
subjective, lorsque la faculté saisie par l'objet est déterminée à le connaître certainement et à se reposer
dans cette connaissance acquise à cause des motifs
qui l'appuient.

L'esprit peut passer par bien des états avant d'arriver,
comme par une ascension intellectuelle, à la certitude.

Vient d'abord l'erreur, *qui est la négation de la vérité.*
Elle a été définie spirituellement : Une ignorance qui
s'ignore. On croit savoir et en réalité on ne sait pas.

C'est le désaccord de la pensée avec son objet, c'est un jugement faux qui affirme ce qui n'est pas, ou qui nie ce qui est.

Ce n'est point ici le lieu d'examiner les différentes causes de nos erreurs. On les trouverait d'abord dans la tyrannie qu'exercent trop souvent les sens et les impressions sensibles. « La raison a des ailes trop courtes, dit Dante, pour s'élever beaucoup au-dessus des sens. » [1] L'homme a parfois tant de peine à s'arracher à ce despotisme de la matière. Il ressemble à un nageur qui tient la tête au-dessus de l'eau, mais dont tous les membres sont plongés dans l'élément liquide ; les flots le soutiennent sans doute, mais ils entravent aussi son mouvement. On rencontre si souvent des occasions d'erreur dans les *imaginations*, qui nous entraînent souvent au mal, qui excitent indiscrètement l'appétit sensitif ; dans les *préjugés*, qui décident sans réflexion comme sans motif ; dans les *sophismes*, qui détournent la raison de sa vraie route ; dans les *sentiments du cœur*, qui exercent si fréquemment sur la raison une pernicieuse et décisive influence. Toute erreur volontaire, en matière de morale pratique, est coupable devant Dieu.

Puis, on peut **ignorer** simplement, c'est-à-dire *n'avoir pas la moindre idée de l'objet*. C'est le néant de la pensée par rapport à telle chose, c'est la privation de la vérité. Elle est *invincible* quand il n'est pas en notre pouvoir de la faire disparaître, *vincible* quand nous n'avons pas fait les efforts requis pour la surmonter.

Lorsqu'on vient à soupçonner que l'on ignore ou que l'on se trompe, on cherche à se dépouiller de son ignorance et à corriger ses erreurs. L'esprit n'arrive

1. *Paradis*, ch. II.

pas immédiatement à la certitude absolue. Il **doute**
d'abord, et ce doute n'est pas « un mol oreiller pour
les têtes bien faites, » comme le dit Montaigne, c'est
une sorte de fièvre de l'âme et un continuel·tourment.
Le doute est·*négatif*, quand on n'a pas de raison pour
faire pencher la balance plutôt d'un côté que de
l'autre. Cet état diffère peu de la simple ignorance. Il
est *positif*, quand des raisons de même poids font que
la balance reste en équilibre.

Si une nouvelle preuve, soit intrinsèque, soit extrinsèque,
vient faire pencher la balance d'un côté, nous avons alors
une **opinion**. Notre esprit conserve toujours une certaine hésitation et quelque crainte de se tromper ;
mais cependant il juge, avec une probabilité plus ou
moins grande, que la chose est telle qu'il l'a conçue.
Bien souvent, dans la pratique de la vie, on est obligé
de se contenter d'une opinion plus ou moins probable.
Quand on est dans la nécessité d'agir, il faut choisir le
parti qui semble le plus probable ou parfois le plus sûr.

Vient enfin l'état de **certitude**, dans lequel *notre*
esprit adhère fermement à l'objet proposé, sans qu'aucun
doute s'élève en·lui.

Il peut se·faire parfois que la persuasion soit
engendrée par une chose fausse qui nous semble
vraie par défaut d'attention. Si l'on persiste dans son
affirmation après avoir découvert son erreur, c'est
une obstination condamnable, ce n'est plus l'acte
intellectuel d'un homme sérieux.

. La certitude est **métaphysique** ou absolue *quand*
elle est basée sur la nature même des choses. Ex. : Le tout
est plus grand que la partie. Il est absolument nécessaire que la chose·soit ainsi ; elle ne saurait en aucun
cas être autrement.

Elle est **physique**, *lorsqu'elle se fonde sur l'expérience* *et sur la permanence des lois naturelles.* Ex. : Le fleuve coule de sa source vers son embouchure.

Elle est **morale,** *quand elle a pour base soit le témoignage des hommes, soit les lois ordinaires qui dirigent l'humanité.* Ex. : Alexandre a réellement existé, les parents aiment leurs enfants. Ces dernières vérités sont appelées *des vérités de sens commun.*

Dans chacune de ces certitudes, les motifs ne s'équivalent pas et sont d'ordre différent.

Il importe pourtant de remarquer que dans les questions de foi, bien que l'objet ne soit pas évident, pourtant notre adhésion dépasse en fermeté et en sécurité toute autre certitude. Sous l'inspiration et avec l'aide de la grâce divine, cette certitude, par rapport à la Trinité, par exemple, exclut tout doute et péril d'erreur. Elle s'appuie en effet, non pas sur les motifs que la raison naturelle nous ferait apercevoir, mais sur l'autorité de Dieu lui-même qui nous révèle cette vérité et qui ne peut ni se tromper ni nous tromper. [1]

DES DIVERS INSTRUMENTS QUI VIENNENT EN AIDE A L'INTELLIGENCE POUR ATTEINDRE LE VRAI

Pour atteindre son objet naturel, l'intelligence a besoin de se servir de certaines autres facultés qui lui prêtent un concours efficace. Quand, par exemple, un juge veut savoir la vérité sur la cause qui lui est soumise, il envoie quelques agents subalternes qui font une enquête. Chacun d'eux dirige ses inquisitions vers un point spécial selon les attributions que l'autorité lui a données ou les aptitudes que la nature lui a fournies. Il vient ensuite faire sa déposition devant le juge et celui-ci ne rend sa sentence qu'après avoir

1. *Concile du Vatican,* ch. III, *De la foi.*

entendu le rapport et cru en la véracité du rapporteur.

Ainsi en est-il dans la recherche du vrai. Le juge suprême est l'intelligence; les enquêteurs dont elle se sert sont *la mémoire, les sens, la conscience* et *le témoignage*, selon les divers objets à propos desquels on veut aquérir la certitude.

La vérité a pour base *les faits*, soit que nous les considérions comme de simples phénomènes, soit qu'ils servent de point de départ à des raisonnements supérieurs qui nous conduisent aux notions métaphysiques de cause, de substance, etc. Les faits sont : *passés, présents, futurs, externes, internes, personnels, non personnels.*

Les faits *passés et personnels* sont connus par la mémoire. Les faits *présents et personnels*, lorsqu'ils sont *externes*, sont saisis par les **cinq sens.**

Les mêmes faits, quand ils sont *internes*, sont perçus par la **conscience** s'ils sont spirituels, par le sens **commun** s'ils sont corporels. Les faits *passés et non personnels*, de même que les faits *éloignés* qui n'ont jamais été saisis par nos sens, arrivent à notre connaissance par le **témoignage**. Je connais de cette façon la prise de Constantinople par les Turcs, en 1453, et l'existence actuelle de cette ville. Toute l'histoire et toute la géographie reposent sur ce fondement.

Quant aux faits *futurs*, ils ne peuvent être que rarement connus avec certitude. Ils ne sauraient l'être que lorsqu'ils sont l'objet d'une prophétie vraie et divine, ou quand ils sont renfermés évidemment dans la puissance des causes actuellement existantes. Ainsi la révélation nous apprend qu'il y aura un jour un jugement dernier; ainsi la science nous dit : Le soleil se lèvera demain.

Chacun de ces rapporteurs ne doit s'enquérir que

des objets qui sont de sa compétence. Il serait ridicule, par exemple, de poser cette question à la conscience : Est-ce que Pékin existe? C'est évidemment au témoignage qu'il faut s'adresser.

Comme nous avons déjà exposé le rôle des *sens externes* et du *sens commun*, comme nous parlerons bientôt de la *mémoire intellectuelle*, il ne nous reste plus qu'à traiter de la *conscience* et du *témoignage*.

De la Conscience. — Nous n'étudions pas *la conscience* comme une faculté à part. D'après notre manière de la considérer, c'est *un acte particulier de l'intelligence qui reconnaît un fait comme sien; c'est la connaissance que l'âme prend d'elle-même et de ses modifications présentes.* Ainsi se définit la conscience psychologique. Au point de vue *moral*, on peut examiner de plus la trace bonne ou mauvaise que l'acte a laissée ou qu'il pourrait laisser dans l'âme.

Les philosophes d'aujourd'hui indiquent les faits *physiques, intellectuels* et *moraux* comme le triple objet de la conscience. Elle s'inquiète, par exemple, de la douleur ou du bien-être corporels; elle sait qu'elle possède cette puissance ou telle science; elle distingue entre le bien et le mal.

Mais les **faits physiques** *sont saisis par ce que nous appelons le sens intime*. Nous savons par lui que nous souffrons dans telle ou telle partie de notre corps.

Les **faits intellectuels** *sont perçus par la réflexion*. C'est elle qui est cette lumière intérieure dont parle cet éminent psychologue « ce dévot de la pensée pure » [1] qui s'appelle Maine de Biran. « C'est, dit-il,

1. Ainsi le nomme M. E. Caro, *Mélanges et portraits*, Paris, 1888. M. Caro, né à Poitiers en 1826, est mort membre de l'Académie française en 1888.

cet esprit de vérité qui luit dans les profondeurs de l'âme et dirige l'homme méditatif appelé à visiter ces galeries souterraines. »[1] Nous avons ainsi conscience de notre liberté, de la durée de notre personnalité, etc.

On ne saurait mettre en doute la certitude de la conscience sans tomber dans un cercle vicieux. En effet, sur quoi s'appuierait le doute pour s'énoncer en cette matière, sinon sur le témoignage de la conscience elle-même? Pendant que l'on détruirait d'une main la légitimité de son témoignage, on la rétablirait de l'autre en s'appuyant sur elle.

Cependant, il faut bien avouer que le domaine de la conscience est assez rétréci, car elle ne peut faire l'inspection que des objets intérieurs, présents et personnels. Il arrive trop souvent d'ailleurs que son témoignage se trouve faussé par les habitudes vicieuses, par les préjugés et par la mauvaise éducation intellectuelle.

Les faits moraux sont aussi l'objet de la conscience. *C'est elle qui témoigne, qui juge, qui accuse ou qui excuse.*[2] C'est elle qui tourmente cruellement par le remords l'âme du coupable ; c'est elle qui inonde l'âme du juste des joies et des consolations les plus sensibles et les plus douces, même au milieu des plus grandes calamités.

Quand cet acte de l'intelligence se reporte sur les choses passées, il a une certaine analogie avec la mémoire. Mais il en diffère en ce que la mémoire rappelle le fait tel qu'il est, sans commentaires, tandis que la conscience dont nous parlons s'inquiète de sa moralité.

---

1. *Rapports du physique et du moral*, Préface.
2. *Somme théol.*, 1re partie, q. LXXIX, a. 13.

« La conscience est absolument individuelle, elle ne suffit pas par elle-même pour connaître ce qui se passe chez tous. Rien au monde, d'aussi bien clos que les consciences ; elles n'ont pas, disait Leibnitz, de fenêtres par où l'on puisse voir du dehors ce qui se passe au dedans. » [1]

Si l'action dont nous sommes juges n'a pas été revêtue de toutes les conditions de bonté que la loi requiert, l'examen de conscience fait servir cette expérience du passé à l'amélioration de l'avenir. Voilà pourquoi des philosophes comme Pythagore en ont conseillé à leurs disciples la pratique quotidienne. L'homme qui a souci de sa perfection s'arme souvent de cette lampe mystérieuse, il cherche à s'éclairer sur la bonté ou la malice de ses actes et met sa conscience à nu sous l'œil de Celui qui sonde les cœurs et les reins.

Rien n'est plus important que de travailler dès l'enfance à bien former son jugement sur ce point. Les maîtres chrétiens y sont d'autant plus obligés que les éducateurs sans Dieu font plus d'efforts pour diriger la conscience d'une manière purement naturelle et simplement honnête. [2]

La conscience est un juge dont la loi, soit naturelle, soit positive, doit régler toutes les décisions. Mais bien souvent les passions humaines, excitées quelquefois par une mauvaise éducation morale, parviennent à s'introduire dans ce tribunal intérieur et se font un complice de celui qui devait les juger.

Quand ces actes de capitulation se sont répétés bien des fois, la conscience ne parvient plus à donner une décision exacte, même à propos de faits qu'elle devrait considérer comme essentiellement mauvais. D'abord

1. Rabier, *Psychologie*, p. 37 et suiv.
2. Cf. A. Sicard, *Les deux Maîtres de l'enfance*, p. 147.

3*

large, elle devient bientôt *cautérisée*, comme parle saint Paul. [1] Elle est alors revêtue comme d'un épiderme factice qui émousse le tact moral.

Au contraire, lorsqu'elle se scandalise trop facilement dans l'appréciation des actions d'autrui, elle est dite *pharisaïque*.

Elle s'appelle *scrupuleuse* quand, à cause d'une raison futile, elle doute de l'honnêteté d'une action et craint de pécher là où il n'y a pas même d'apparence de faute. C'est une vaine appréhension, un soupçon peu fondé qui vient soit de Dieu, qui le permet, soit du démon, qui l'excite, soit d'une complexion portée à la mélancolie, qui l'engendre. C'est souvent une sorte de myopie morale qui n'est frappée que des détails et qui est incapable d'apercevoir l'ensemble de l'acte à accomplir.

Du Témoignage. — Beaucoup de vérités et de faits ne sauraient être connus directement par nous ; ils ne sont point l'objet de la science proprement dite ; ils ne tombent point sous l'expérience des sens. Sommes-nous condamnés à les ignorer toujours ? Non, si nous avons confiance dans le témoignage qui vient ici en aide à la connaissance personnelle et qui engendre la foi.

Croire, en effet, *c'est donner son assentiment à ce qu'un témoin sait et nous affirme*. Nous avons confiance en celui qui nous fait connaître telle vérité ou tel fait et nous nous reposons sur son autorité. Si ce témoin est Dieu, c'est la *foi divine ;* si, au contraire, celui qui rend témoignage n'est qu'un homme, c'est la *foi humaine*.

---

1. I *Tim*, IV, 2.

A l'analyse, nous trouvons dans toute foi six éléments essentiels :

1° *Quelqu'un qui sait.* Ex. : Un homme a voyagé à Constantinople, il m'affirme l'existence, me décrit la situation et les beautés de cette ville. Il a assisté à la prise de Sébastopol et il m'en raconte les détails. D'un côté comme de l'autre, j'ai confiance en sa véracité.

2° *Quelqu'un qui ne sait pas;* car, si celui qui écoute connaissait d'une autre façon et par son expérience personnelle les vérités ou les objets dont il s'agit, la foi n'existerait plus, parce qu'elle consiste essentiellement à être certain en se reposant sur la parole d'autrui.

3° *Il faut qu'il s'agisse d'une vérité* (témoignage dogmatique) ou *d'un fait* (témoignage historique).

4° *Une parole écrite ou parlée* sert de communication entre celui qui sait et celui qui ne sait pas.

5° *La perception de cette parole* fait connaître cette vérité ou ce fait à celui qui l'ignorait.

6° Ce dernier donne alors son *assentiment volontaire* à la proposition.

a) **Foi divine.** Les objets de la *foi divine* sont tout d'abord ces vérités qui dépassent la portée de la raison humaine et qui ne peuvent être connues autrement que par la révélation. Il en est ainsi, par exemple, des mystères de la Trinité et de l'Incarnation.

Mais, de plus, il est très utile et très convenable que certaines vérités de l'ordre naturel se rapportant soit à la connaissance de Dieu, soit aux devoirs moraux, nous soient transmises par la foi divine.

En effet, dit saint Thomas, [1] l'homme arrive ainsi *plus facilement* à la connaissance du vrai. Pourquoi ?

« Parce que ceux qui devraient découvrir la sublime vérité de Dieu y parviendraient à peine après un long temps, soit à cause de la profondeur de cette vérité qui demande un exercice prolongé de l'intelligence, si l'on veut l'atteindre par des voies rationnelles, soit à cause de ses nombreux préliminaires, soit que l'âme, encore jeune, flotte au gré de toutes les passions et ne saurait être sitôt apte à saisir une vérité si relevée, car ce n'est qu'en se reposant qu'elle devient prudente et savante. » [2]

Ensuite, cette science devient *plus commune*, car beaucoup d'hommes, soit à cause de l'infirmité de leur esprit, soit à cause de la nécessité de gagner le pain quotidien, soit par suite de leur paresse, seraient toujours privés de toute connaissance de Dieu.

Enfin, cette science est *plus certaine*, car la raison humaine est toujours courte par quelque endroit. Les philosophes, même les plus sages, se sont trompés sur beaucoup de points ; ils ne s'entendent pas entre eux et ils manquent d'autorité doctrinale.

« S'il n'y avait que la raison pour connaître Dieu, le genre humain croupirait dans les plus profondes ténèbres de l'ignorance. C'est donc salutairement que la divine clémence a pourvu aux besoins de l'humanité, en nous ordonnant de tenir par la foi ce que la raison peut connaître naturellement, afin que tous puissent participer facilement à la connaissance des choses divines, et cela sans crainte de doute ou d'erreur. » [3]

Il est donc beaucoup plus sûr de s'appuyer sur la parole divine, qui est toujours accompagnée de preu-

---

1. *Somme théol.*, 2° 2°, q. II, a. 4.
2. *Somme contre les Gentils*, l. I, ch. IV. — Cf. Monsabré, *Introduction au dogme catholique, Principes et erreurs*, t. I, p. 175 et suiv.
3. S. Thomas, *ibid.* — Monsabré, *ibid.*, p. 41.

ves et de garanties suffisantes, et dont l'auteur ne saurait ni se tromper ni nous tromper.

b) **Foi humaine.** Il est utile et même nécessaire à tous d'avoir foi, en beaucoup de circonstances, dans le témoignage humain, soit *dogmatique*, soit *historique.*

En effet, il est de première nécessité de croire au témoignage *dogmatique* lorsqu'on est enfant, car ni l'expérience ni le raisonnement ne peuvent alors nous donner la connaissance de la vérité spéculative ou pratique. La foi doit toujours précéder et préparer le complet usage de la raison.

Même plus tard, la valeur et l'autorité du témoignage, pour être moins grande, ne sauraient cependant être ni contestées, ni dédaignées. Les hommes peu éclairés en ont toujours besoin. Ceux qui se nomment savants en quelque branche des connaissances humaines sont cependant ignorants sur beaucoup de points ; ils se trouvent souvent obligés d'accepter l'autorité des autres. Le médecin a parfois recours au légiste ; le légiste, à son tour, peut trouver de grandes lumières en consultant le théologien. Pour savoir bien une chose, a-t-on dit, il faut en connaître un peu mille.

Il est donc sage de s'en rapporter au témoignage de personnes compétentes, puisque c'est vouloir l'impossible que de prétendre arriver à la science universelle.

S'il s'agit du témoignage *historique,* sa nécessité n'est pas moins évidente. La vie de l'homme sur la terre est circonscrite en diverses limites de temps et de lieux, et, en dehors de ces bornes relativement étroites, c'est le témoignage qui nous apprend ce qu'il nous importe de savoir.

Sans la foi humaine, en effet, comment pourrions-nous connaître les événements passés et même la majeure partie des faits contemporains? De quelle manière arriverions-nous à savoir un grand nombre de vérités expérimentales qui s'appuient sur l'induction et qui supposent beaucoup d'observations ou d'expérimentations préalables? Comment enfin acquerrions-nous, sans la foi, la certitude des faits primordiaux sur lesquels s'appuie la société, qu'elle soit domestique, civile ou religieuse? C'est par le témoignage que nous savons si nous appartenons à telle famille, à tel pays, à telle religion. Donc, ce témoignage humain est la source d'un nombre considérable de connaissances, et un homme vivant en société ne saurait se dispenser d'y avoir foi, lorsque la déposition ou la révélation qui nous en est faite est revêtue de toutes les conditions et garanties nécessaires.

Quelles sont ces conditions? Dans tout témoignage on peut considérer un double rapport : *celui du témoin avec la vérité ou avec le fait,* que nous appellerions volontiers rapport de **science**; puis *celui du témoin avec son auditeur,* que nous nommerons rapport de **conscience**.

1° Rapport de science. — *C'est la relation du témoin qui atteste avec la vérité qu'il énonce ou avec le fait qu'il affirme :* il faut constater qu'il n'a pas été *trompé.*

S'agit-il de *doctrine?* Le témoin est-il compétent? Est-ce un spécialiste? Si sa découverte est nouvelle ou contestée, faut-il prendre ses contradicteurs au sérieux? N'existe-t-il pas chez lui un esprit de parti qui le pousse à embrasser telle opinion de préférence à telle autre, parce que la première favorise davantage ses idées préconçues? En effet, même de nos jours, nous avons pu voir des savants, ou prétendus tels, défendre des théories improbables et dégradantes dans le fol espoir de trouver la Bible en défaut et d'ébranler la foi en quelque vérité religieuse. Ces hommes torturent la science pour la forcer à rendre faux témoignage ; ils cherchent à inventer des systèmes qui battent en brèche le dogme catholique ; ils sont à l'affût de toutes les nouveautés pour tenter d'en extraire des objections ou des négations antichrétiennes.

S'agit-il de *faits d'expérience?* Le témoin était-il bien en possession de ses facultés lorsqu'il a vu ou entendu? N'était-il pas en ce moment la victime d'une maladie ou le jouet de quelque hallucination? Les faits qu'il rapporte étaient-ils bien observables? Se présentaient-ils au grand jour et à la portée du spectateur? Ne sont-ils pas contredits par d'autres faits certains ou probables? Ne s'agit-il pas d'une de ces opinions surannées en physique ou en astronomie, opinions que les découvertes modernes et les instruments perfectionnés ont facilement détrônées?

En général, plus les témoins sont désintéressés et savants, plus leur autorité est incontestable ; plus leur nombre est grand, plus leur rapport a de valeur lorsqu'il est unanime.

Quand il s'agit de *faits historiques,* un homme sérieux et instruit ne saurait rejeter un fait parce qu'il ne s'harmonise pas avec les mœurs et les opinions du temps actuel. Il doit toujours employer cette grande règle de l'histoire : *Distinguez les temps, et les droits s'accorderont.* C'est pour avoir méconnu cet axiome évident qu'un si grand nombre d'historiens se sont trompés, que leur érudition a été mise volontairement par eux au service de toutes les folies antireligieuses, que l'on a suborné ce grand témoin de

Dieu sur la terre qui s'appelle la science historique.
« Depuis trois siècles, dit de Maistre, l'histoire est une
conjuration contre la vérité. » [1]

Ce n'est pas ainsi qu'entendent la science ces
grands historiens dont l'impartialité est si parfaite,
dont la philosophie est si haute, dont la pénétration
est si profonde. Leurs œuvres semblent nous faire
vivre au milieu des peuples depuis longtemps disparus,
ils ressuscitent leurs habitudes morales, politiques,
sociales et religieuses, ils rappellent les faits les plus
caractéristiques de leur vie nationale. Ces hommes
supérieurs excellent à reconstituer le tout d'après les
parties, devinent ce que la tradition n'a pas transmis,
ce que les monuments supposent sans le dire, ce que
les inscriptions, les médailles et les vieilles chartes
désignent à leur perspicacité. Ils savent dégager la
légende et démêler, au milieu de tout ce qu'on a écrit,
ce qui a véritablement existé. Ils ont eu surtout ce
sentiment religieux qui ne méconnaît pas le rôle surnaturel de l'Église et qui parachève le génie de
l'historien vraiment digne de ce nom. Fr. de Schlégel
s'est exprimé d'une façon aussi fine que juste, quand
il les a nommés « les prophètes du passé ». [2]

S'il s'agit de *faits surhumains ou de miracles*, la raison
est obligée d'admettre, non seulement la possibilité de
l'action surnaturelle, mais encore la possibilité de la
constatation. Si le miracle est passé, c'est le témoignage
des hommes qui le constate, et il le fait sans s'astrein-
dre aux conditions parfois ridicules que proposent

1. *Du Pape*, l. II, ch. XII.
2. Ce poète et philosophe allemand est né à Hanovre en 1772.
Après s'être converti au catholicisme, il publia des études sur la
Philosophie de la vie et sur la *Philosophie de l'histoire*, qui ont été
traduites en français. Il est mort en 1829.

Renan avec un certain nombre de critiques modernes. [1]

Voici par exemple un miracle de l'Évangile, un Lazare ressuscité par une seule parole de Notre-Seigneur. Il est facile de démontrer que ce phénomène n'est pas produit par les forces de la nature. De plus, si des témoins nombreux, désintéressés, différents de passions, sont unanimes pour rapporter de la même manière le même fait surnaturel, leur témoignage doit nécessairement être admis par le bon sens. [2]

2° **Rapport de conscience.** — *C'est la relation de celui qui atteste avec celui qui doit ajouter foi, soit à la vérité exprimée, soit au fait exposé.* Il est nécessaire que le témoin ne soit point *trompeur.* D'ailleurs, il est dans la nature de l'homme d'aimer à dire la vérité. Il exprime le vrai comme il mange le pain; il ment comme il prend un médicament, avec une certaine répugnance et pour atteindre un but déterminé. S'il y a un instinct de véracité chez celui qui parle, il existe aussi un instinct de crédulité chez celui qui écoute.

Le témoignage est d'autant plus croyable, que le témoin a su faire plus de sacrifices pour l'apporter à ce qu'il pense être la vérité. L'homme qui le donne ainsi sans orgueil, sans fanatisme, qui va jusqu'à livrer sa vie avec tranquillité et même avec joie, atteint les plus hauts sommets de l'héroïsme et son acte a une autorité sans égale. On connaît le mot de Pascal : « J'en crois volontiers, dit-il, les témoins qui se font égorger. » Aussi n'est-ce point sacrifier à la crédulité, mais bien faire un acte souverainement raisonnable que de dire : Elle est divine la religion qui a

1. *Vie de Jésus,* Introduction.
2. Cf. Monsabré, *Introduction au dogme catholique,* t. III, p. 37 et suiv.

trouvé pour sa défense ces nuées d'héroïques témoins et de généreux martyrs. [1]

Quand l'intelligence a entendu les quatre rapporteurs, quand elle a pesé leurs divers témoignages, elle énonce son jugement. C'est elle, en effet, qui est la faculté maîtresse ; c'est elle qui se sert, comme de serviteurs, des agents d'information que nous venons d'indiquer. Lorsque l'esprit n'est pas obscurci par les passions et les autres causes d'erreur, il ne se trompe pas dans sa sentence ; il se repose dans la certitude et il ne saurait se réfugier dans le scepticisme.

Mais malheureusement on rencontre une foule d'intelligences faussées, naturellement indécises ou timides, sans équilibre ou incapables d'une attention sérieuse. Pour un certain nombre d'entre elles, la vérité est un excès, comme l'erreur. Trop sages pour s'arrêter à celle-ci, ces hommes sont trop faibles pour s'élever jusqu'à celle-là. Ces pusillanimes ou ces sceptiques courent risque de rester ainsi flottants jusqu'à la fin de leur vie, entre la lumière et les ténèbres, sans vouloir déclarer hautement la vérité qu'ils reconnaissent au fond du cœur, parce que cette reconnaissance les obligerait à des devoirs qu'ils se refusent à remplir. « Ces esprits-là, dit Lacordaire, non sans quelque mépris, sont trop polis et trop ingénieux pour se hasarder au profit de la vérité. » Tel fut autrefois Sénèque le philosophe ; tels furent au temps du Protestantisme Érasme, Reuchlin, Ramus ; tels sont encore tant d'autres aujourd'hui, équivoques dans leur vie et parfois jusque dans leur mort.

Leur intelligence ne s'est pas trompée dans son jugement ; ils savent bien qu'elle n'est pas comme le

---

1. Cf. Monsabré, *Introduction au dogme catholique*, t. IV, p. 223.

sens qui s'égare souvent et qu'il n'y a point dans
l'homme de juge supérieur à elle. Ils n'ignorent pas
quelle est la valeur de sa décision, mais ils n'osent
manifester la sentence que leur esprit prononce. Que
d'hommes, par exemple, sont convaincus des vérités
de la religion, mais ne la pratiquent pas, parce qu'il
faut pour cela être honnête et pur! Ce n'est pas la
raison qui les trompe; c'est la *volonté* libre qui les
pousse à porter un jugement faux ou incomplet,
parce que trop souvent ils ont peur des conséquences logiques de la vérité que la raison leur
montre.

Telle est l'intelligence au point de vue psychologique; tel est son but. Puissions-nous toujours
l'orienter vers le vrai, selon les règles que la philosophie et la foi nous prescrivent, jusqu'à ce que nous
nous reposions dans la contemplation de la vérité
suprême et éternelle, Dieu!

Ces règles logiques, qui doivent guider l'esprit
humain dans la conquête de son objet, nous allons
les exposer dans le paragraphe troisième.

§ III. — Des moyens dont se sert l'intelligence pour arriver au vrai

*La science pratique, qui dirige les actes de la raison dans
la recherche de son objet, se nomme logique.* Cette direction suppose nécessairement un guide, un ordre,
des principes fixes; il faut donc étudier maintenant *les moyens qui facilitent la conquête de la vérité.*
Cette partie de la logique, que les anciens nommaient
dialectique, s'appelle aujourd'hui d'un nom expres-
sif : **la méthode.**

Bien des hommes possèdent une certaine logique

naturelle. Grâce à cette qualité, ils parviennent comme instinctivement à trouver et à démontrer la vérité. Mais quand l'intelligence connaît et sait pratiquer les règles que fournit la **méthode**, c'est le meilleur instrument de direction et de travail. C'est la **méthode** qui dirige l'homme dans tous les actes de son intelligence et qui lui permet de marcher d'un pas ferme et rapide à la conquête de la vérité.

Toutes les opérations de l'esprit peuvent se diviser en trois groupes : la **simple appréhension**, le **jugement** et le **raisonnement**.

I. — Appréhension

I. **L'appréhension** est le premier acte de l'intelligence ; par elle l'esprit perçoit un objet quelconque, mais s'abstient d'affirmer ou de nier explicitement quoi que ce soit. C'est un simple et rapide regard intellectuel, une pure contemplation dont le résultat est une reproduction idéale de l'objet perçu, un terme mental, un verbe interne, une idée.

« L'*idée*, dit Bossuet, *c'est ce qui représente à l'intelligence la vérité de l'objet entendu...* C'est cette parole par laquelle l'homme se parle à lui-même sans aucun bruit de parole. »

Toute impression reçue amène une expression correspondante. *Quand l'idée ainsi conçue se manifeste au dehors, elle est représentée le plus souvent par un mot, un terme vocal, un verbe externe.* Quand je veux faire connaître, par exemple, cette *idée* que Dieu n'a ni commencement ni fin, je me sers du *terme* : éternel.

Le terme peut aller parfois sans l'idée et réciproquement. Un enfant a entendu prononcer un mot qu'il ne comprend pas, il répète ces syllabes comme un perroquet, sans qu'aucune conception intellectuelle les accompagne. Par contre, un orateur peut avoir une pensée et chercher en vain le terme exact et propre qui l'exprime.

La *définition* est le moyen dont on se sert pour donner aux mots leur sens clair et distinct. Déjà la racine du mot est souvent une sorte de définition abrégée, mais la définition réelle *est celle qui dégage le type et l'essence de l'être défini, qui le classe d'après son genre prochain et sa différence spécifique,* c'est la seule qui soit parfaitement philosophique. Le terme qui exprime le *genre prochain* est plus général; le mot qui indique la *différence spécifique* est celui qui fait la distinction entre cet être particulier et les autres du même genre. Par exemple, dans cette définition que nous avons déjà donnée (p. 29) : *L'homme est un animal raisonnable, animal* désigne le genre prochain, et *raisonnable,* la différence spécifique. *Une définition, pour être bonne, doit convenir à tout le défini et rien qu'au défini, et développer dans une proposition tout ce que contient le défini ou au moins tout ce que nous en savons.*

II. L'idée est dite *compréhensive* ou *extensive,* selon que l'on considère *toutes les propriétés d'un objet* (compréhension) ou *tous les objets auxquels convient une propriété* (extension). *La compréhension d'une idée est la somme des caractères qu'elle renferme. L'extension d'une idée est la somme des êtres dans lesquels cette somme de caractères se trouve réalisée.* Plus un objet a de compréhension, moins il a d'extension, et vice versa. Ainsi l'idée de Dieu a une compréhension infinie, puisqu'il possède toutes les perfections; elle a l'extension la plus réduite possible, parce que Dieu est nécessairement unique. L'idée d'être a une compréhension presque

4

nulle, puisqu'elle n'implique que l'existence réelle ou
possible de l'objet ; en revanche elle a l'extension la
plus considérable, parce que ce terme abstrait et
général s'applique à toutes les créatures et même au
Créateur. L'extension nous mène naturellement à
l'idée d'abstraction et d'universalité.

III. — L'idée est enfin *abstraite* ou *concrète*.

Le terme abstrait signifie la détermination d'un
objet en tant que séparé de l'être, par exemple,
humanité, blancheur. Le terme concret exprime l'être
réel, déterminé, *homme blanc.*

L'abstraction, dit la *Logique* de Port-Royal, [1] a trois
manières d'opérer :

1° *Elle connaît par parties des choses distinctes*, quand,
par exemple, elle considère à part un membre sans
s'occuper du corps auquel il appartient.

2° *Elle ne veut voir qu'un mode dans une substance.*
Un ignorant qui range les volumes dans une biblio-
thèque n'envisage que l'épaisseur ou la longueur des
livres qu'il doit placer.

On pourrait peut-être y ajouter cette opération de
l'esprit par laquelle on divise ce qui en réalité ne fait
qu'un. Reboul, par exemple, voyait en sa personne
le poète et le boulanger. Louis XII, après son arrivée
au trône, refusait de venger les injures du duc
d'Orléans. De même, ce n'est que par une opération
mentale que nous distinguons en Dieu, dont la nature
est infiniment simple, des perfections diverses, comme
la justice et la bonté. C'est aussi par abstraction

1. Cette *Logique* fut écrite en 1661 et eut pour auteur le fameux
Antoine Arnauld.

que, dans le mariage, nous considérons à part le contrat et le sacrement, bien qu'ils soient inséparables chez les chrétiens.

3° *Elle passe d'une idée particulière a une idée générale ; puis elle monte d'une idée générale à une autre plus générale encore qui est à la précédente comme le genre est à l'espèce ou l'espèce à l'individu.* Je considère un homme en particulier, puis je m'élève à l'idée d'humanité, ensuite à l'idée d'être intelligent (homme, ange, Dieu), j'envisage enfin le genre le plus commun qui se puisse imaginer, l'idée d'être en général.

C'est d'après cette division que nous distinguons les sciences abstraites et les concrètes. Les premières, comme la philosophie et les mathématiques, considèrent les lois générales sans s'occuper de tel fait ou de tel individu déterminé ; les secondes, moins parfaites, comme l'histoire par exemple, s'occupent de faits ou d'individus particuliers.

II. — Jugement

I. Le **jugement** *est une opération de l'esprit par laquelle nous affirmons ou nous nions la convenance de l'attribut avec le sujet :* nous connaissons ce dont il s'agit et notre esprit prononce son arrêt.

La proposition est l'expression du jugement, de même que le *terme* représente *l'idée.* Dans l'appréhension, il n'y a qu'une simple perception de l'idée ; dans le jugement, il y a idée de rapport entre le sujet et l'attribut.

La proposition, énoncé du jugement, contient trois éléments : le *sujet,* *l'attribut* et enfin le *verbe* par lequel on affirme la convenance ou la disconvenance de l'attribut et du sujet.

II. *Le jugement est dit* **affirmatif,** *quand il énonce la convenance ; il est appelé* **négatif,** *quand il prononce la répugnance.* Les anciens logiciens nommaient cette double opération : composer et diviser.

III. Le *jugement* est **singulier,** quand *le sujet est un individu déterminé.* Exemple : Aristote est un grand philosophe.

Il est **particulier,** *lorsque le sujet n'est pris que dans une partie de son extension.* Exemple : Au XVIIe siècle, plusieurs Français furent d'excellents écrivains.

Il est **universel,** *quand le sujet est pris dans toute son extension.* Exemple : Les saints du ciel sont heureux.

IV. Indiquons encore la différence entre les propositions **contradictoires** et les **contraires.** *Les premières se détruisent et se nient l'une l'autre, sans laisser aucun milieu ; les secondes se détruisent ou se nient mutuellement, mais en laissant un milieu.* Prenons pour exemple cette proposition (XII) condamnée par le Syllabus de Pie IX : . *Les décrets du Siège apostolique empêchent le libre progrès de la science.*

La contradictoire est celle-ci : *Les décrets du Siège apostolique n'empêchent pas le libre progrès de la science.*

La contraire est celle-ci : *Ces décrets favorisent le libre progrès de la science.* '

Il se pourrait que les décisions papales ne vinssent ni entraver ni favoriser ce progrès, si, par exemple, elles n'avaient aucune espèce de rapport avec lui. ·

Le jugement universel nous mène à ces propositions évidentes par elles-mêmes que la science appelle **axiomes.** Exemples : *Une même chose ne peut pas en même temps être et ne pas être :* c'est ce que l'on nomme le principe de contradiction, base de tout jugement et de toute philosophie — *Il n'y a pas d'effet sans cause :* c'est le principe de causalité, que méconnaissent les positivistes, [1] mais que toute vraie science est obligée de reconnaître. — *Deux choses égales à une même troisième sont égales entre elles :* c'est le principe de l'identité. — *Le tout est plus grand que la partie,* etc...

On pourrait encore citer beaucoup d'autres axiomes géométriques ou autres. Il y en a dans l'ordre religieux, moral et ascétique, comme dans les sciences. *Ne faites pas à autrui ce que vous ne voudriez pas qu'on vous fît.* — *Les actes personnels sont imputables parce qu'ils sont libres.* — *Dans la vertu, ne pas avancer c'est reculer.* [2]

Les axiomes sont pour ainsi dire à la base de toute science sérieuse et servent de principes aux démonstrations.

III. — RAISONNEMENT

La troisième opération de l'esprit est le **raisonnement**, *par lequel l'intelligence, qui a précédemment affirmé ou nié la convenance d'un sujet et d'un attribut qu'elle connaît, cherche à arriver à l'affirmation ou à la négation d'une chose qu'elle ne connaît pas.*

De même, le juge entend d'abord la cause, il porte ensuite une sentence d'acquittement ou de condamnation. Mais, si l'affaire est épineuse et peu claire, il interroge des témoins dignes de foi, pèse les raisons de part et d'autre, et enfin prononce une décision basée sur les témoignages entendus et sur les raisons alléguées.

Entendre la cause, voilà l'appréhension ; connaître

---

1. Taine, *De l'Intelligence*, t. II. — Liard, *La science positive et la métaphysique*, p. 271. — Robin et Littré, *Dictionnaire de médecine*, au mot *philosophie*.

2. S. Bernard, *Deuxième sermon sur la Purification*.

le rapport entre l'acte incriminé et la loi, c'est le *juge-ment*; rendre sa sentence, c'est la manifestation du *jugement*. Mais, comme beaucoup de causes ne sont ni évidentes ni certaines, l'intelligence est obligée de faire une sorte de détour, et de porter un jugement sur l'inconnu, d'après la connexion qu'il a avec les vé-rités précédemment connues; c'est le *raisonnement*.

Cette triple division comprend tous les actes de l'esprit. En effet, tout acte de l'intelligence est un ju-gement ou n'en est pas un. S'il n'est pas un jugement, c'est une simple appréhension; s'il en est un, il est immédiat ou médiat; le jugement immédiat est la se-conde opération, le jugement médiat, qui fait un cir-cuit pour arriver au vrai, est la troisième, c'est-à-dire le raisonnement. [1]

On le voit, la faculté de raisonner, qui semble d'abord une force pour l'esprit humain, n'est en réa-lité qu'une faiblesse, car elle ne nous est donnée que pour suppléer à l'intuition de la vérité.

Les anges comprennent, mais ils ne raisonnent pas. « Plus une intelligence est élevée, dit J. Balmès, plus le nombre de ses idées décroît, parce que cette intelli-gence d'élite renferme dans un petit nombre d'idées ce que les intelligences d'un degré inférieur distri-buent en un nombre plus grand. Ainsi les anges du plus haut degré embrassent, à l'aide de quelques idées seulement, un cercle immense de connaissances. » [2]

Guillaume d'Auvergne, grand philosophe et théolo-gien du moyen âge, compare la raison philosophique à

1. Sylvester Maurus, *Quæst. philos.*, lib. I, c. 3.
2. *Art d'arriver au vrai*, ch. XVI, 7, p. 144. — Ce livre est le plus pratique de tous les ouvrages qu'a écrits le prêtre catalan Jacques Balmès. C'est un traité de logique à la portée des jeunes esprits et une philosophie à l'usage des gens du monde. Balmès est mort en 1848.

un pauvre boiteux, qui ne peut marcher qu'appuyé sur des arguments comme sur deux béquilles, tandis que la foi se fait remarquer par son allure franche et alerte.

Les deux principaux modes de raisonnement sont la déduction, *qui descend du général au particulier*, et l'induction, *qui remonte du particulier au général*.

Contentons-nous de donner un aperçu de cette double méthode, ainsi que des sophismes dans lesquels on peut tomber quand on les emploie mal. [1]

I. La déduction *fait sortir d'une vérité universelle la vérité particulière qui s'y trouve renfermée*. Elle se sert principalement du syllogisme. Celui-ci est un raisonnement composé de trois propositions combinées de telle sorte que la dernière, qui se nomme *conclusion*, découle des deux premières, qui s'appellent *prémisses*.

Par rapport *à ses éléments*, le syllogisme renferme trois termes, le *moyen terme*, le *grand extrême* et le *petit extrême*. Le petit extrême est le sujet de la conclusion, le grand extrême en est l'attribut; ou plutôt le petit extrême est la chose de laquelle on affirme ou l'on nie dans la conclusion, le grand extrême exprime la chose affirmée ou niée. Quant au moyen terme, il doit se trouver dans les deux prémisses; c'est l'idée dont on se sert pour juger du rapport qui existe entre le grand terme et le petit terme.

Exemple :

> Tout homme est mortel,
> Or, Jean est un homme,
> Donc, Jean est mortel.

1. Voir sur tous ces points, Port-Royal, *Logique*, 3° partie, ch. 1ᵉʳ, XII. — P. Marin de Boylesve, *Logique*, p. 60 et suiv. — Pélissier, *Précis d'un cours complet de philosophie élémentaire*, 1867, p. 164. — Vuillaume, *Cours complet de rhétorique*, p. 35. — Balmès, *Art d'arriver au vrai*, ch. XV, p. 155.

Le grand extrême est *mortel;* le petit extrême est *Jean,* le moyen terme est *homme.*

Il contient aussi trois propositions, la *majeure,* la *mineure* et la *conclusion.*

Dans le syllogisme précité, la majeure est : *Tout homme est mortel,* la mineure est : *Or, Jean est un homme.* Conclusion : *Donc, Jean est mortel.*

Dans cette forme de raisonnement, on compare successivement le moyen terme, qui est comme la pierre de touche, avec le sujet et l'attribut de la conclusion ; la conclusion exprime le résultat de cette comparaison. Si le grand extrême et le petit extrême s'accordent avec le moyen terme, on voit qu'ils s'accordent entre eux, et la conclusion est affirmative, comme dans l'exemple que nous venons de donner. S'ils se trouvent en désaccord, la conclusion est négative.

Lorsqu'on en considère la *vérité,* le syllogisme, pour être bon, doit obéir à de certaines règles que l'on retrouve dans les traités de logique. Les voici :

1° Tout syllogisme doit avoir trois termes : le moyen terme, le grand et le petit extrême.

2° Aucun de deux extrêmes ne doit être pris, dans la conclusion, plus généralement que dans les prémisses.

3° Le moyen terme doit être pris au moins une fois universellement.

4° La conclusion ne doit jamais renfermer le moyen terme.

5° De deux prémisses négatives, on ne peut rien conclure.

6° Deux prémisses affirmatives ne peuvent pas produire une conclusion négative.

7° La conclusion suit toujours la plus faible des prémisses. C'est-à-dire : la conclusion doit être négative, si l'une des prémisses est négative; elle doit être particulière, si l'une des prémisses est particulière.

8° De deux prémisses particulières on ne peut rien conclure. [1]

Sans doute on a pu abuser parfois du syllogisme, comme de toute chose humaine; à certaines époques, on s'est montré plus raisonneur que raisonnable. Le bonhomme Chrysale n'avait pas tort de dire à sa sœur Bélise :

Raisonner est l'emploi de toute ma maison,
Et le raisonnement en bannit la raison. [2]

Il n'en est pas moins certain que cette manière d'argumenter est une excellente gymnastique pour l'esprit. De plus, beaucoup d'interminables discussions seraient évitées, si l'on savait s'en tenir à cette forme sévère, précise et claire, qui nous met en garde contre les sophismes, qui apprend à ne pas se payer de grands mots, de gestes emphatiques, d'éclats de voix et qui nous mène à la vérité pure.

On doit souvent, dans les discours, voiler le syllogisme sous des expressions oratoires; il faut revêtir le squelette décharné de muscles vigoureux et de nerfs vivants, mais que seraient les chairs humaines sans les os qui les soutiennent!

Parfois et surtout dans l'éloquence, le syllogisme

1. P. Jaffre, *Éléments de philosophie religieuse*, t. I, p. 45.
2. Molière, *Femmes savantes*, act. II, sc. VII.

est écourté et tronqué ; il ne renferme que deux propositions, c'est l'*enthymème*.

Exemple :

Mortel, ne garde pas une haine immortelle.

Ce vers est la réduction d'un syllogisme ainsi conçu :

Celui qui est mortel ne doit pas garder une haine immortelle.

Or, tu es mortel,

Donc.....

Parfois aussi on donne immédiatement sa preuve à chaque proposition, c'est l'*épichérème*.

Ex. : *Je veux savoir la philosophie, parce qu'elle apprend à avoir des idées nettes et élevées et qu'elle préserve l'esprit des erreurs et des sophismes.*

Or, la logique est une partie essentielle de la philosophie, parce qu'elle enseigne à raisonner.

Donc, je veux apprendre la logique.

Cet argument est peu employé, parce qu'il a ordinairement une allure trop lourde.

Le *prosyllogisme* est composé de syllogismes tellement liés que la conclusion du premier sert de majeure au second.

Ex. : *Ce qui est simple ne peut être divisé ;*

Or, ce qui est spirituel est simple ;

Donc, ce qui est spirituel ne peut être divisé ;

Or, l'âme est spirituelle ;

Donc, elle ne saurait être divisée.

Le *dilemme* est un double syllogisme avec une seule conclusion. Ex. : Dilemme classique contre les Pyrrhoniens qui prétendent qu'on ne peut rien savoir sûrement.

Ou vous savez ce que vous dites, ou vous ne le savez pas.

Si vous savez ce que vous dites, on peut donc savoir quelque chose.

Si vous ne le savez pas, vous avez tort d'assurer qu'on ne peut rien savoir, car on ne doit pas assurer ce que l'on ne sait pas.

Donc.....

Voici un autre dilemme, exprimé en forme poétique. Mathan veut persuader à Athalie de faire mourir le jeune Joas :

> A d'illustres parents s'il doit son origine,
> La splendeur de son sort doit hâter sa ruine :
> Dans le vulgaire obscur si le sort l'a placé,
> Qu'importe qu'au hasard un sang vil soit versé ?[1]

Donc, dans l'une ou l'autre hypothèse, Joas doit succomber.

Le *sorite* n'est qu'une série de propositions tellement enchaînées, que l'attribut de la première devient le sujet de la seconde, et ainsi de suite jusqu'à la conclusion, où le sujet de la première prémisse s'unit à l'attribut de la dernière.

Voici encore un exemple classique :

> *Les avares sont pleins de désirs ;*
> *Ceux qui sont pleins de désirs manquent de beaucoup de choses ;*
> *Ceux qui manquent de beaucoup de choses sont misérables ;*
> *Donc, les avares sont misérables.*

Cet argument est aussi rarement en usage ; il semble trop compliqué et trop recherché.

1. *Athalie*, II, 5.

II. L'induction *est un raisonnement par lequel on va de l'énumération des parties au tout, ou des singuliers à l'universel.* C'est ainsi qu'à la suite de plusieurs faits bien observés, nous concluons une loi générale, ou la cause qui les produit.

Elle suit une marche absolument contraire à celle de la déduction. Tandis que cette dernière conclut du tout aux parties, l'induction remonte des parties au tout. *La déduction part d'un principe général et en tire les conséquences ; l'induction recueille les faits particuliers et de là remonte à la loi qui les régit ou à la cause qui les produit.* C'est un travail de généralisation qui nous fait arriver par l'étude suffisante des phénomènes à leurs lois et à leurs causes. Les sciences naturelles appliquent cette seconde méthode pour arriver à la vérité. Car, si la déduction est surtout un moyen de démonstration et d'enseignement, l'induction est principalement un instrument de découverte.

On lit, dans un certain nombre de manuels, que François Bacon a été le législateur de l'induction. Ce qui est vrai, c'est qu'il en a été l'apologiste ardent, mais trop exclusif. Longtemps avant lui, Aristote avait décrit le procédé inductif, mais il l'avait expliqué moins nettement qu'il n'avait fait pour la déduction et les lois du syllogisme. Remarquons que l'induction est moins sûre que la déduction. En effet, dans un raisonnement inductif, on érige en loi universelle des rapports constatés seulement en certains points de l'espace et du temps. La conclusion dépasse donc infiniment les observations sur lesquelles elle se fonde.

Examinons un instant la marche et les règles de l'induction.

On observe tout d'abord plusieurs phénomènes qui

se produisent toujours dans telles et telles conditions. Pasteur, par exemple, étudie la rage et ses effets toujours identiques chez divers animaux. Il soupçonne une cause hypothétique qu'il pourra modifier ou délaisser après examen. Il se livre à des expériences nombreuses sur divers cas de rage et sur la façon dont elle se communique. Il découvre enfin la vaccination antirabique, c'est-à-dire le moyen de guérir cette maladie. Dans un cas à peu près semblable, il a observé ou fait observer plus de cinquante mille vers à soie avant de découvrir la cause de leur maladie. C'est un bel exemple de persévérance, d'étude consciencieuse et de ce que l'on pourrait appeler la probité scientifique. Aussi, quand cet illustre savant vient à exposer devant l'Académie la théorie du procédé inductif, il décrit ses expériences, en même temps qu'il semble raconter ses efforts persévérants couronnés par des succès magnifiques.

« L'expérimentateur, dit-il, élimine certains faits, en provoque d'autres, interroge la nature, la force à répondre et ne s'arrête que quand l'esprit est pleinement satisfait. » [1]

Donc, pour arriver à faire des découvertes dans l'ordre des lois et des causes, il faut varier les observations et leurs circonstances, faire des expériences naturelles ou en provoquer d'artificielles, assigner, pour ainsi dire, la nature à comparaître devant nous, quand il nous plaît de l'interroger, et ne conclure qu'après long et mûr examen.

« Il ne faut jamais abandonner les vérités une fois connues, quelque difficulté qui survienne quand on veut les concilier; mais il faut au contraire, pour ainsi parler, tenir toujours fortement comme les deux bouts de la

1. *Discours de réception à l'Académie française*, 27 avril 1882. — Cf. Balmès, *Art d'arriver au vrai*, ch. XVIII, p. 195.

chaîne, quoiqu'on ne voie pas toujours le milieu par où l'enchaînement se continue. » [1]

Il en est de même dans le cas que nous exposons Plus tard, la lumière se fera plus complète ; et l'avenir découvrira sans doute le moyen de concilier ces deux vérités qui semblent se contredire.

Telles sont les règles qu'ont suivies pour arriver à leurs admirables découvertes Copernic et Galilée, Képler et Newton ; telle est l'opération intellectuelle qui a permis à Ampère de déterminer les lois de l'électro-magnétisme, à Fresnel de donner ses théories sur la lumière. Ce sont ces mêmes règles inductives qui ont contribué de nos jours à faire arriver J.-B. Dumas, Claude Bernard, Edison à leurs plus magnifiques résultats.

Il ne faut point confondre l'induction avec l'hypothèse. Celle-ci est une induction qui n'est pas encore vérifiée, c'est un système qui est possible ou probable, mais non encore prouvé. A plus forte raison ne peut-on prendre pour inductions parfaites les analogies et les similitudes qui très souvent peuvent nous induire en erreur. « Comparaison n'est pas raison, » dit un proverbe populaire.

Mais l'expérimentateur cherche parfois avec parti pris, par idée préconçue ; il prend des hypothèses pour des réalités, des analogies et des similitudes pour de véritables raisons. Il manque à ces règles de prudence, et il tombe alors dans cette faute de raisonnement qui se nomme le sophisme.

III. Le **sophisme**, *en général, est un raisonnement faux qui offre l'apparence de la vérité.* C'est un *sophisme pur* quand il est un effet de la mauvaise foi ; il se nomme

1. Bossuet, *Traité du libre arbitre,* ch. IV.

paralogisme, lorsqu'il procède d'une méprise involontaire.

A plusieurs époques de l'histoire philosophique les
sophistes ont joué un rôle, brillant peut-être, mais
toujours nuisible. De Bonald les appelle spirituellement « les gladiateurs de la pensée ». En effet, ils se
sont escrimés pour l'amusement du public dans les
luttes de la parole, et souvent leurs raisonnements
ont été aussi spécieux que leurs disputes étaient
puériles. Ils ont parfois soutenu le pour et le contre
avec la même facilité, et ont mis leur éloquence
vénale au service de toutes les causes. Dans leur
ingénieuse subtilité, ils cherchaient, non la vérité,
mais la renommée. Ils s'efforçaient uniquement de
trouver du nouveau et d'exprimer d'une façon spirituelle des idées trop souvent extravagantes ou para-
doxales.

Les premiers ont paru au siècle le plus brillant de
la Grèce, à l'époque de Platon et d'Aristote, « ces
patriciens de l'intelligence humaine, » comme les
nomme Cicéron. Ces philosophes incomparables com-
battirent souvent ces faux sages et en particulier
Protagoras et Gorgias. Néanmoins ceux-ci ont pris
une place considérable dans l'histoire de l'éloquence
et des mœurs des cités grecques. Virtuoses du para-
doxe, ils aimaient les équivoques, les sous-entendus,
les formules élastiques. Non seulement ils ont été à
leur époque de brillants inutiles, mais ils ont préparé
ces fauteurs d'hérésie que la Grèce a vu naître avec
une funeste abondance.

A Rome, vers la fin de l'empire, Celse [1] et Porphyre
attaquèrent le christianisme avec autant de rage que

---

1. Cf. Mgr Freppel, *Origène*, t. II, 30° leçon, p. 244 et suiv.

de perfidie, et se servirent des armes les plus empoi-
sonnées de la sophistique.

Le premier s'était procuré une connaissance vague
et générale de la doctrine catholique, et c'est contre
ces données incomplètes ou faussées à plaisir qu'il
maniait avec une égale vigueur l'arme du raisonnement et celle du persiflage. Le second se servit d'armes
plus lourdes, déploya un grand appareil d'érudition et dressa contre l'Église une énorme encyclopé-
die, qui fut comme l'arsenal des persécuteurs du
IIIe siècle. Aux applaudissements du monde païen,
il essaya de rajeunir l'antique mythologie par le
moyen d'explications symboliques.

Au milieu de la décadence de la scolastique, ou
philosophie du moyen-âge, certains philosophes et
théologiens disputèrent parfois d'une façon qui rappelle celles des sophistes anciens. Leur logique est
déclinante et amoindrie. La vraie science leur reproche
de s'être embarrassés dans les toiles d'araignée des
arguties d'école et d'avoir eu plus de souci des figures
de raisonnement que des axiomes du bon sens et des
règles générales de la certitude. C'était une sorte de
vaine casuistique de la pensée qui régnait alors en
maîtresse, et qui mettait obstacle à toute découverte
et à tout progrès.

Mais ils furent bien dépassés en ce funeste genre
par les prétendus philosophes de la fin du XVIIIe siècle.

Voltaire, avec ses mensonges effrontés, Rousseau,
avec ses utopies emphatiques, toute leur triste école,
avec la perfidie la mieux caractérisée, usèrent de leurs
grandes ressources intellectuelles pour attaquer la
religion. Ils furent, malgré leur talent, les malfaiteurs
de la pensée, quand ils ne furent pas sciemment
et méchamment des salisseurs d'âmes.

L'éducation des jeunes filles reçut aussi d'eux de rudes atteintes. Rousseau, par exemple, affirme l'incapacité intellectuelle et morale des femmes. Il veut bien leur reconnaître de l'imagination et de la sensibilité, mais il leur refuse la raison, c'est-à-dire la faculté de s'élever aux idées spéculatives et même aux idées morales; capables d'aimer le bien, elles sont incapables de le connaître. De là, leur asservissement absolu et nécessaire à l'homme, asservissement qui va même jusqu'à l'esclavage de la conscience : « Toute jeune fille doit avoir la religion de son père; toute femme, celle de son mari. » On croit entendre l'écho de cette parole du juge romain à une esclave chrétienne : « Comment avez-vous une autre religion que celle de votre maître? » [1] Quoi qu'en disent certains éducateurs modernes, c'est là le fond des idées pédagogiques du philosophe de Genève. Il ramène toute l'éducation de la femme à l'art de plaire et réduit son rôle à celui d'être uniquement une plante d'ornement.

Dans notre siècle, un penseur allemand, Schopenhauer a été plus loin. N'a-t-il pas affirmé qu'on ne devait laisser lire à la femme que des livres de piété ou de cuisine?

Aujourd'hui encore le P. Gratry a pu écrire plusieurs volumes sur la *Sophistique et les Sophistes*. [2] Il n'a pas épuisé la matière, et l'on pourrait trouver à notre époque bien d'autres faux philosophes aussi dangereux qu'Hégel, Cousin, Vacherot et Renan.

Mais jetons un regard sur les procédés ou plutôt sur les artifices généraux de tous ces prétendus sages, de

1. Cf. Dadolle, *l'Education intellectuelle de la femme chrétienne*, Lyon, 1888.
2. *Etude sur la sophistique contemporaine*, Paris, 1851. — *Les sophistes et la critique*, Paris, 1864.

ces modistes de la phrase creuse et de la rhétorique ampoulée, et de tous ceux qui marchent sur leurs traces dans les idées ou les discours.

Il y a plusieurs sortes de sophismes.

Parmi les sophismes qu'on nomme *de déduction*, on trouve :

1° **L'ignorance du sujet.** Rien n'est plus commun dans les discussions que de déplacer la question. On pose le problème d'une manière équivoque, on se sert de formes oratoires, on oublie la méthode syllogistique ; la discussion s'égare et n'arrive à aucun résultat pratique. De plus, combien d'hommes parlent de ce qu'ils ne savent pas et en particulier de la religion ! Combien se croient et se disent incrédules qui ne sont qu'ignorants ! Combien pensent avoir toutes les sciences infuses qui mériteraient qu'on leur appliquât ce vers du poète comique :

J'ai pu tout expliquer, ne pouvant tout connaître !

Nul degré d'esprit et de talent ne saurait donner à un homme le droit de parler de ce qu'il ne sait pas.

Par exemple, les bévues historiques et scientifiques de Voltaire font rire aujourd'hui les savants sérieux, même dans le camp de ceux qui ne partagent pas nos idées religieuses. On l'a dit avec esprit et raison : Le grand châtiment de Voltaire, c'est d'être devenu le dieu des imbéciles.

2° **La pétition de principe** suppose comme certain ce qui est à démontrer. Ce sophisme est fréquent surtout de nos jours, où l'on érige en axiomes les opinions les moins prouvées au point de vue philosophique ou historique.

Lorsque Descartes, après avoir révoqué toutes

choses en doute, s'écrie : *Je pense, donc je suis*, il croit
pouvoir affirmer que lui qui pense, est réellement,
parce que, dit-il, « je vois très clairement que pour
penser il faut être », je pense, donc je suis, son raisonnement est une pétition de principe. En effet,
cette majeure : *pour penser il faut être*, est elle-même
en question, puisqu'il vient de tout révoquer en
doute.

3° Le **cercle vicieux** se ramène à une double pétition de principe. C'est un raisonnement dans lequel
deux propositions sont successivement, à l'égard l'une
de l'autre, principe et conclusion. Voici un sophisme
de certains moralistes de l'école de Cousin : Qu'est-ce
qu'il faut faire? Le bien. Qu'est-ce que le bien? C'est
ce qu'il faut faire.

4° Lorsqu'il s'agit des sophismes *d'induction*, on peut
prendre pour cause ce qui n'est pas la cause,
comme quand on attribue à la religion catholique
tous les excès du fanatisme, lorsqu'on fait honneur au
protestantisme du développement des lettres et des
sciences qui se produisit à l'époque de son apparition.
C'est un défaut d'observation. Nous avons la mauvaise
habitude d'associer l'idée de causalité à l'idée de succession.

5° Quand on généralise trop promptement, on fait
un **dénombrement imparfait**. On attribuera, par
exemple, à toute la magistrature, à toute l'armée, à
tout le sacerdoce, une faute commise par un seul
membre de ces corps, et l'on en profitera, avec plus
ou moins d'adresse ou de perfidie, pour attaquer ces
grandes corporations, qui sont les bases de toute société bien organisée.

6° Si l'on juge d'une chose d'après ce qui ne lui arrive qu'accidentellement, on tombe dans le **sophisme de l'accident.**

Ce qu'on donne aux méchants toujours on le regrette,

dit La Fontaine. Ce prétendu axiome est parfois vrai, mais il ne faut pas le généraliser à outrance. Nous percevons, dans tel ou tel méchant homme, l'ingratitude au milieu de bien d'autres défauts, et nous pensons que tous les hommes qui ont des vices sont naturellement incapables de reconnaissance. Nous confondons une coexistence qui peut être accidentelle avec une loi de coexistence.

Viennent enfin les sophismes qui ne demandent aucune explication. Tout le monde le sait par expérience : le langage, qui est fait pour rendre visible et comme palpable la pensée humaine, sert souvent à la masquer ou à la dénaturer.

Passer du relatif à l'absolu, de l'espèce au genre du sens divisé au sens composé, et réciproquement, abuser de l'ambiguïté des termes, c'est employer des raisonnements faux, parfois pernicieux, et contre lesquels on n'est cependant pas assez en garde, car ils font souvent des victimes. « Combien n'y en a-t-il pas, dit Leibnitz, qui prennent la paille des termes pour le grain des choses ? »

Donc, pour éviter tous ces écueils de l'intelligence, rien n'est plus important que de bien se servir des règles de la déduction et de l'induction, de garder un esprit libre de passions comme de préjugés, et de travailler sans cesse avec cette attention persévérante qui est « la force de l'âme », selon Bossuet. [1]

---

1. *Politique tirée de l'Écriture sainte*, IV, 2.

IV. — MÉMOIRE INTELLECTUELLE

Mais il ne s'agit pas seulement d'avoir des idées exactes, de porter des jugements vrais, de faire des raisonnements justes, il faut encore conserver dans son esprit tout ce qu'on y a vu naître. C'est la mémoire intellectuelle qui est cette faculté à la fois rétentive et révocatrice.

I. La **mémoire intellectuelle** *est propre à l'homme; elle retient l'ordre logique d'un raisonnement, les idées générales, même les plus abstraites, et nous donne de cette manière conscience de la durée de notre personnalité.* C'est ainsi qu'elle accumule dans le présent toute l'expérience du passé, pour en faire profiter l'avenir. Aussi saint Thomas en fait-il une des parties constitutives de la vertu de prudence. [1] C'est par cette mémoire supérieure que nous nous souvenons de la suite des pensées dans un discours, de l'enchaînement des déductions dans une démonstration mathématique.

La mémoire intellectuelle, bien que distincte de la mémoire sensible, s'exerce souvent de concert avec elle et reçoit de cette dernière les plus précieux secours : au fond, cette sorte de mémoire n'est que l'intelligence qui retient, « c'est l'estuy de la science, » d'après Charron. [2]

II. **Exercice de la mémoire.** Rien n'est plus merveilleux que les fonctions de cette faculté. Fénelon les a décrites avec tous les charmes de son style enchanteur. Il a comparé les images gravées dans la mémoire à

1. S. Thomas, 2° 2°, q. xlix, a. 1.
2. Moraliste français qui a donné dans le scepticisme à la façon de Montaigne. Son livre *De la sagesse* a été mis à l'Index. Il est mort en 1603.

un cabinet de peintures dont tous les tableaux se remue-
raient et se rangeraient au gré du maître de la maison.

« Je les appelle, dit-il, et elles viennent, je les renvoie,
elles se renfoncent je ne sais où : elles s'assemblent ou
se séparent comme je veux… Mon cerveau est une espèce
de livre où il y a un nombre presque infini d'images et de
caractères rangés dans un ordre que je n'ai point fait et
que le hasard n'a pu faire… Une autre merveille que j'y
trouve, c'est de voir que mon esprit lise avec autant de
facilité tout ce qu'il lui plaît dans ce livre intérieur. Il lit
des caractères qu'il ne connaît point ; jamais je n'en ai vu
les traces empreintes dans mon cerveau. » [1]

Quoi de plus extraordinaire en effet que la façon dont
nous conservons l'idée et dont nous la rappelons ? Qu'y
a-t-il de plus merveilleux que la manière dont nous re-
cherchons un souvenir déjà lointain peut-être et profondément enseveli dans les replis de notre mémoire ?
Un nom se présente, un certain choix s'opère ; ce n'est
pas cela, disons-nous, mais à peu près. Nous cherchons à reconstituer la scène du passé, nous nous
replaçons dans les circonstances, nous nous efforçons
de retrouver la phrase dans laquelle le mot est
enchâssé, sans rien découvrir peut-être. Puis tout à
coup, au moment où parfois nous nous y attendions
le moins, il se fait une illumination soudaine et irré-
sistible, le mot reparaît, nous le reconnaissons, c'est
cela. Pour tous les souvenirs qui, à chaque instant,
sortent de leurs limbes, avides, comme ces ombres
dont parle Homère, de revenir un instant à la lumière
et à la vie, la volonté accorde à tel ou tel une attention
de faveur.

« Elle est semblable, dit Reid, [2] à un roi qui, à son lever,

---

1. *De l'existence de Dieu*, 1ʳᵉ partie, ch. II.
2. Thomas Reid (1710-1796) est le plus illustre représentant
de cette école qu'on nomme en philosophie l'*école écossaise*. Son
principal livre est intitulé : *Recherches sur l'entendement humain*

au milieu de la foule des courtisans qui se pressent autour
de lui, honore l'un d'eux d'un sourire, tend en passant la
main à l'autre, fait un signe de tête à un troisième, accorde
au plus favorisé un entretien particulier, et laisse le plus
grand nombre s'en aller comme il est venu. »

Voilà un phénomène qui se passe tous les jours
dans notre esprit, et nous ne pensons pas à la multi-
plicité et à la complexité des opérations qu'il suppose,
nous ne parvenons pas à faire la distinction entre ce
qu'il y a de volontaire et ce qui est spontané dans ce
souvenir.

Rien n'est capricieux comme ces visions du passé,
tantôt nettes et persistantes, tantôt imparfaites et
flottantes, qui se font sans nous et malgré nous quelquefois. La simple réminiscence, opération incomplète et partielle, n'est qu'un souvenir brisé dont on
aperçoit à peine le rapport avec le passé. On se souvient de quelques notes de musique, d'une moitié de
vers, on ne sait d'où cela vient, de qui cela est, on a
oublié ce qui précède et ce qui suit. — Le vrai souvenir est beaucoup plus précis ; il se rapporte à un
point déterminé, il peut se rappeler tout un air, tout
une pièce de vers, dire qui l'a fait, quand on l'a
appris. C'est une évocation intelligente d'un passé
depuis longtemps caché dans nos innombrables cel-
lules cérébrales.

On a souvent comparé le résultat de ces actes mystérieux à un dépôt de valeurs qui seraient comme
encaissées dans l'esprit, à un résidu resté au fond
d'un vase, à un sillon profondément creusé dans un
champ, ou à une ride légère produite par le vent sur
les flots. Ces métaphores peuvent avoir une valeur

d'après les principes du sens commun. Il se montre, en cet ouvrage,
observateur aussi sagace qu'original et s'attache à réfuter Hume,
mais ses idées ne sont pas toutes irréprochables.

poétique, mais elles sont dangereuses au point de vue
supérieur de la vérité. La science n'a constaté dans la
cerveau ni sillon, ni ride, et les conditions physiologiques de la mémoire sont encore bien peu connues.
La Fontaine connaissait moins bien que nous la liaison entre ces phénomènes psychologiques et les
centres nerveux; cependant il décrit avec assez
d'exactitude ces opérations mystérieuses quand il dit :

> L'objet lorsqu'il revient, va dans son magasin
>   Chercher par le même chemin
>   L'image auparavant formée. [1]

Delille aussi a chanté les merveilles de cette faculté :

> La mémoire ! A ce nom se troublent tous nos sages.
> Quelle main a creusé ces secrets réservoirs?
> Quel dieu range avec art tous ces nombreux tiroirs,
> Les vide ou les remplit, les referme ou les ouvre?
> Les nerfs sont ses sujets et la tête est son Louvre. [2]

III. Phénomènes de la mémoire. *a*) L'amnésie ou
le manque de mémoire se manifeste surtout et régulière-
ment chez les vieillards. Chez eux, ce sont les idées
récemment acquises qui s'effacent d'abord de la mémoire.

> Au plus ancien dépôt quelquefois si fidèle,
>   Sur un dépôt récent pourquoi nous trahit-elle? [3]

L'homme qui a longtemps vécu aime à se reporter
de préférence aux temps de sa jeunesse, à en faire un
éloge parfois outré. Il se souvient de ces impressions
qui furent plus vives, parce qu'elles étaient plus neu-
ves. Il a raconté souvent ces vieux souvenirs; c'est
une leçon bien apprise et fréquemment répétée. Peu

---

1. *Fables*, l. X. *Les deux rats, le renard et l'œuf*.
2. *L'Imagination*, chant I⁰ʳ.
3. Delille, *Ibid*.

à peu cependant, le fonds ancien s'entame ; d'abord, on ne se rappelle plus les noms propres, puis on cherche en vain les substantifs, les adjectifs. Enfin tout s'oblitère à la fois, et la décrépitude ne laisse bientôt plus que des habitudes et des mouvements purement organiques. A cette dernière période, l'homme n'est plus qu'une ruine, presque incapable de jouir du présent, après avoir oublié le passé.

On le voit, les souvenirs se perdent dans l'ordre inverse de l'ordre d'acquisition.

Parfois aussi, l'amnésie est causée par un accident organique. Les fractures du crâne, compliquées surtout d'enfoncement, les maladies cérébrales produisent des manques de mémoire plus ou moins prolongés.

b) Dans un ordre opposé, nous rencontrons parfois des surexcitations anormales de la mémoire et des phénomènes morbides que constatent les médecins et qui surprennent les philosophes. [1] Cette faculté peut acquérir dans certaines circonstances une intensité d'action extraordinaire. Au moment de la mort, on affirme que le moribond voit parfois se dérouler sous ses yeux, comme dans une vision panoramique, tous les événements de sa vie passée. C'est un phénomène que la science appelle **hyperemnésie** ou surexcitation de la mémoire.

Ce sens interne, comme tout ce qui se rapporte à la faculté sensitive, dépend en grande partie de l'état des organes. L'oubli habituel d'un certain genre de connaissances a pour causes certaines lésions profondes et bien déterminées du cerveau. La médecine a constaté ces faits, à l'autopsie le plus souvent ; depuis

1. Cf. Taine, *de l'Intelligence*, t. II, ch. II, pp. 149 et 174.

4*

Broca surtout, ils paraissent acquis à la science. Ce qui est non moins certain, c'est que la mémoire perdue par suite de ces maladies mentales est précisément celle que l'on a le plus développée.

c) La puissance conservatrice et révocative de la mémoire n'est pas indéfinie ; les organes fléchissent sous une accumulation prolongée ; ils deviennent impuissants, quand on dépasse ce que l'on pourrait appeler leur *limite de charge.*

Après quatre ou cinq heures d'une attention soutenue, le lecteur ne comprend plus ce qu'il lit, l'auditeur n'entend plus, ou ce qu'il entend peut bien frapper son oreille, mais ne pénètre pas jusqu'à son intelligence et ne saurait être retenu par sa mémoire ; l'organe est fatigué et a besoin de repos. Cette limite est différente selon l'âge, la culture intellectuelle, l'intensité de l'attention. Les maîtres ne sauraient trop tenir compte de ce phénomène, s'ils ne veulent pas surcharger et parfois faire éclater les jeunes têtes. L'importance trop grande donnée aux efforts de la mémoire fait dévier l'éducation de son véritable but, qui est de former l'intelligence. L'accumulation des matières d'étude encombre l'esprit, l'alourdit et l'abaisse au lieu de l'élever. Une élève qui n'a que de la mémoire, par exemple, se trompera de sujet dans les devoirs et les compositions, même quand elle aura bien compris ; on rencontrera dans son travail de la prolixité et de l'excès, parfois même un véritable verbiage, dans lequel l'intelligence ne jouera qu'un rôle secondaire, si elle en joue un.

Sous le rapport physique, les maladies les plus graves sont enfin la conséquence fatale et la punition de cette application trop longtemps soutenue et trop mal dirigée, de cette culture exagérée, de ce développement factice que l'on nomme aujourd'hui le *surme-nage intellectuel*. [1]

IV. Moyens de cultiver et d'augmenter sa mé-moire. — Tout le monde est d'accord sur l'importance de cette faculté quand il s'agit d'acquérir la science. « La mémoire est nécessaire à toutes les opérations de l'esprit, » dit Pascal. [2] « La majeure partie du génie se compose de souvenirs, » ajoute Chateaubriand, qui a nourri son propre talent de la moelle des auteurs anciens et qui les a tant de fois imités avec bonheur.

Les philosophes nous affirment, avec un accord aussi unanime, que l'art et l'industrie peuvent beau-coup pour fortifier et développer cette précieuse auxi-liaire. Les connaissances que nous avons confiées à notre mémoire ne se perdent que trop facilement. « C'est une faculté qui oublie, » ainsi que l'a finement remarqué le P. Gratry. [3] Il n'est pas moins nécessaire à tous de cultiver sa mémoire que d'élever son intel-ligence. Nul n'a le droit d'annihiler les puissances de son âme. Plaise à Dieu que beaucoup de personnes ne puissent pas s'écrier, comme cette jeune femme dont Mgr Dupanloup cite les paroles :

« Oh ! qu'il y a dans mon âme des facultés étouffées et inutiles ; trop de choses qui ne se développent pas et ne servent à rien ni à personne ! » [4] Ce fut là pour l'évêque, il l'a dit et écrit, une révélation soudaine d'un mal pres-senti, entrevu, longtemps poursuivi, et enfin saisi sur le fait. « Ce mal dont souffrent tant d'âmes, surtout les plus belles, les plus élevées, ce mal, c'est de ne pas atteindre leur développement légitime, tel que Dieu l'avait préparé

1. Voir dans le *Bulletin de l'Académie de médecine* le compte-rendu des séances de juin et de juillet 1887.
2. *Pensées*, CXXIX.
3. *Les Sources*, p. 19.
4. Mgr Dupanloup, *Lettres sur l'éducation des filles*.

et voulu ; de ne pas trouver l'équilibre de leurs facultés, telles que Dieu les avait créées; de ne pas être enfin elles-mêmes, telles que Dieu les avait faites. »

Il faut donc exercer sa mémoire, s'efforcer de lui faire acquérir promptement et garder fidèlement les idées et les faits. Pour atteindre ce but, saint Thomas [1] indique quatre moyens principaux :

a) La mémoire qui est aussi, comme nous l'avons vu, une faculté sensitive, est grandement aidée par les *images sensibles*. Quand nous rattachons un souvenir à une image, nous sommes plus certains de retenir fidèlement le fait que nous avons vu ou l'idée que nous avons conçue. C'est chez les enfants surtout que cette association est remarquablement féconde. Voilà pouquoi les livres qui leur sont destinés doivent être parsemés d'histoires et accompagnés de gravures ; voilà pourquoi aussi les explications que le maître donne ne peuvent être le plus souvent que des comparaisons. L'image fait pour l'idée ce que l'apologue fait pour le précepte, elle l'aide à passer avec elle.

b) On peut se servir avec succès, pour retenir des faits surtout, des *méthodes mnémotechniques et synchroniques*. Cependant, elles ont le défaut général de mettre dans l'esprit des mots parfois baroques, des associations d'idées tout à fait arbitraires ou des rapprochements purement factices; nous les acquérons avec peine et nous nous hâtons de les oublier. Trop souvent ces procédés en quelque sorte mécaniques, ne valent pas ce qu'ils coûtent.

La vraie méthode mnémotechnique est de mettre un ordre rigoureusement logique dans l'enchaînement des idées ou des faits. De cette façon une pensée appelle et amène naturellement la suivante. Les ora-

---

1. *Somme théol.*, 2ᵉ, 2ᵉ, q. xlix, a. 1.

teurs l'ont souvent remarqué, les passages de leurs discours qu'ils oublient le plus aisément sont ceux qui sont le moins solidement enchaînés. Cet ordre méthodique, très important dans l'art oratoire, joue aussi son rôle dans l'étude, comme dans l'enseignement.

c) Le troisième moyen est l'*amour attentif* que l'on doit apporter à son travail.

D'abord il faut savoir écouter. « C'est le premier des arts libéraux », a dit un spirituel auteur. On est jugé aussi favorablement par la manière intelligente de prêter l'oreille que par la façon spirituelle de parler. Elle profite à l'élève et elle encourage le maître. « L'attention de l'auditeur sert d'accompagnement dans la musique du discours, » écrit Joubert. [1]

Il faut de même s'attacher à son étude. Les connaissances que l'on acquiert avec amour sont celles qui s'effacent le moins de l'esprit. Cet attrait allège la fatigue : on fait plus vite et l'on fait mieux. Il ne faut pas négliger, dans l'acquisition de la science, ce facteur important qui est de savoir s'intéresser et intéresser les autres à l'étude que l'on entreprend.

d) Le dernier moyen que donne saint Thomas est de *réfléchir souvent à l'objet que l'on veut retenir*. Si Newton fit ses plus magnifiques découvertes en y pensant toujours, nous aussi nous retenons les choses les plus difficiles en les repassant sans cesse dans notre esprit.

Les sujets que nous avons médités le soir, par exemple, se gravent pendant la nuit d'une façon inconsciente dans notre mémoire. De plus, nous nous aidons nous-mêmes en prenant des extraits, des

---

1. Littérateur et moraliste français, mort en 1824. On a publié, longtemps après sa mort, des *Pensées, essais et maximes*. Cet ouvrage, plein de réflexions délicates et élevées, a mérité l'approbation des meilleurs juges.

notes, en faisant des résumés, en composant des tableaux synoptiques, en généralisant les connaissances particulières.

Enfin, la meilleure manière de se graver profondément les idées dans l'esprit, c'est d'enseigner. Il faut pour remplir ce rôle un effort d'attention, un ordre et une lucidité d'exposition, un talent de répéter les mêmes choses sous des formes différentes, un art de présenter la synthèse après être entré dans les détails de l'analyse, qui ne permet plus d'oublier ce que l'on a ainsi une fois appris.

V. L'étude de l'**association des idées** vient compléter celle de la mémoire sur laquelle elle s'appuie. On nomme ainsi la façon dont les souvenirs se suivent et s'appellent les uns les autres dans l'esprit, la suggestion des idées par les idées, la reconnaissance, par séries continues, des pensées d'autrefois.

Les rapports entre les idées conçues par l'intelligence peuvent être naturels ou arbitraires.

a) Parmi les relations naturelles, il y a d'abord celle de *ressemblance*. Quand deux objets, deux idées, deux faits ou deux hommes se rapprochent, soit par leurs caractères essentiels, soit même d'une manière accidentelle et fortuite, l'esprit va naturellement de l'un à l'autre. C'est ainsi qu'après avoir lu le récit de la première campagne d'Italie en 1796, je fais cette réflexion toute spontanée : « Bonaparte est un nouveau César, par la rapidité de la conception comme par l'audace de l'exécution. » Le récit des exploits du général français réveille en mon esprit la mémoire du général romain.

b) Il y a encore des rapports d'*opposition*. Une vertu fait penser au vice contraire, l'ordre fait songer à l'anarchie, la paix éveille parfois l'idée de la guerre. C'est ainsi que la tranquillité profonde dont jouit la France à la rentrée des Bourbons, appelle tout naturellement par contraste le souvenir des guerres sanglantes et continuelles du premier Empire.

c) Un troisième rapport est celui de *continuité* et de *simultanéité*. Je me souviens des événements qui ont eu lieu dans un même temps. Lorsque je pense à la mort de Desaix à Marengo, le 14 juin 1800, je me rappelle immédiatement l'assassinat de son rival de gloire, Kléber, tué le même jour en Égypte.

d) Le quatrième rapport est celui de *contiguïté* (lieu). Quand je lis dans l'histoire le récit de la bataille de Fleurus, en 1815, je songe aux autres grands combats qui ont ensanglanté cette plaine fameuse; je me souviens du maréchal de Luxembourg et du général Jourdan.

Cette sorte de contiguïté peut être *objective* ou *subjective*. L'idée du Louvre, par exemple, me fait songer aux Tuileries, parce qu'autrefois ces deux palais se touchaient; cette relation entre les objets est nommée *objective*. Si je pars de la pensée des Tuileries pour repasser dans mon esprit les diverses révolutions qui ont eu pour théâtre cette vieille demeure de nos souverains, le rapport n'existe que dans ma mémoire, il est purement *subjectif*.

Il serait trop long d'énumérer les relations naturelles et logiques qui existent entre la cause et l'effet, le principe et la conséquence, le genre et l'espèce, la substance et l'accident.

Les rapports arbitraires sont encore beaucoup plus nombreux et plus variés; ils dépendent bien plus des circonstances, de la fantaisie et des impressions du moment.

Il n'est pas un discours, pas même une conversation, qui ne suppose de multiples associations d'idées. Bien plus, c'est par la façon dont les idées s'appellent dans les intelligences, que l'on juge du genre d'esprit différent des hommes. Le distrait aura une conversation fantaisiste et capricieuse, pleine de soubresauts et parfois de coq-à-l'âne. L'homme d'esprit saura faire des rapprochements ingénieux, il trouvera des mots piquants, expressifs et pittoresques, et son originalité brillante fera de lui le charme de la société. Le logicien exposera ses pensées dans un ordre serré et solide, ne parlera guère que par syllogismes et ne fera que des déductions rigoureuses. Le poëte lyrique aura une manière d'associer les idées qui sera différente de celle de l'orateur.

« Même parmi ceux qui prennent les choses comme il faut les prendre, c'est-à-dire en s'attachant au fond, à l'essence, et non à l'accident, chacun, choisissant pour soi une part de la besogne, s'en va de son côté. Mettez, a-t-on dit, dans une même campagne, un peintre, un ingénieur, un géologue, un laboureur, un jardinier, un économiste : l'un pensera au parti qu'il pourra tirer dans un tableau du paysage qu'il a sous les yeux ; l'autre étudiera l'origine des terrains sur lesquels il marche ; celui-ci observera le mode de culture qu'il aperçoit ; celui-là verra une route à percer, etc.. » [1]

Cette opération mentale se remarque même dans les états d'esprit où l'on ne soupçonnerait pas son existence. Ainsi, dans la rêverie éveillée et même dans le sommeil, les idées sont enchaînées, mais les relations sont lointaines, vagues et le plus souvent inconscientes. [2]

On le voit, l'association des idées est un acte très fréquent de la faculté mémorative. Il importe donc beau-

1. Rabier, *Psychologie*, p. 184.
2. Alfred Maury, *Le Sommeil et les Rêves*, 4° édit., 1877.

coup d'habituer les enfants à ne faire que des associations justes. Nous oserions presque dire que c'est
là toute l'éducation. Quand l'élève n'entend que des
raisonnements exacts, il apprend à associer ses pensées de la même façon et devient un bon esprit. Si,
au contraire, la loi qui relie les idées exprimées par le
maître est fausse, son intelligence prendra un mauvais pli, et peut-être ne se corrigera-t-elle jamais.

Si l'association n'existe que sous un seul rapport,
l'esprit devient étroit, exclusif et serait presque fata-
lement porté à la manie. Si l'association existe sous
beaucoup de rapports, l'esprit s'élargit d'autant et la
mesure de ces associations nouvelles est précisément
la mesure de ses progrès.

Ces habitudes intellectuelles contractées pendant
l'enfance ont souvent eu sur la vertu, comme sur le
bonheur, une grande et décisive influence.

V. — Science

I. **Définition de la science.** — On entend par science,
en philosophie, non pas toute connaissance, mais
*une connaissance certaine et évidente des choses par leurs
causes,* selon la définition d'Aristote.

Ainsi l'histoire, quand elle n'est qu'une simple série de faits et de dates, n'est pas une science vraie et
parfaite. Tous les philosophes, depuis Héraclite, ré-
pètent à l'envi : Il n'y a pas de science du particulier.
Cependant, si l'histoire s'élève jusqu'à la recherche des
raisons qui ont amené les événements, si, par exemple,
pour étudier la Révolution française, elle considère
non seulement les faits, mais aussi les causes, c'est
une connaissance véritablement scientifique qui prend
le nom de philosophie de l'histoire.

La science est d'autant plus profonde qu'elle entre

plus avant dans la connaissance des causes générales et en particulier de la *cause productrice* ou *efficiente*. Elle est d'autant plus élevée qu'elle connaît mieux la *cause première*, celle qui domine infiniment toutes les causes secondes, celle qui est la cause des causes, Dieu.

C'est ce qui explique d'abord pourquoi les positivistes, qui nient l'idée de cause, auraient été chassés par les anciens du chœur des philosophes. On ne comprend pas comment des hommes qui se prétendent savants osent écrire : « La théorie des causes n'est d'aucune utilité scientifique... Y a-t-il quelque chose au delà des phénomènes ? La science physique l'ignore et n'a pas à s'en soucier. »[1] Pour eux, chercher des causes, c'est rêver et se tromper soi-même. Les faits seuls existent, et la science a pour unique objet de les étiqueter comme les curiosités d'un musée.

En second lieu, plus une science nous fera pénétrer profondément dans la connaissance de la cause première, plus cette étude sera digne de l'esprit humain. En effet, dit saint Thomas, c'est appliquer sa plus noble faculté, son intelligence, à l'objet le plus digne d'être connu par elle.[2]

II. **Divisions de la science.** — *a*) La première distinction que nous pouvons faire est celle qui repose sur la méthode suivie dans les différentes sciences. Celles qui se tirent des principes rationnels et qui se servent de la déduction, s'appellent *sciences exactes ;* ce sont, par exemple, les mathématiques. Plus les sciences sont exactes, plus elles s'attachent aux conceptions pures qui sont simples, stables et universelles. L'arithmétique substitue des nombres aux

1. L. Liard, *La science positive et la métaphysique*, p. 271 et suiv.
2. *Somme théol.*, 1re, 2e, q. III, a. 5.

grandeurs étendues, l'algèbre substitue des symboles encore plus simples et plus abstraits. Le système des sciences mathématiques est donc un système de substitution et de symbolisme à plusieurs degrés. C'est le papier-monnaie qui remplace le lourd métal. [1]

Celles qui s'appuient sur les faits et qui emploient l'induction se nomment *sciences d'observation*, comme la géologie. Il ne suffit pas de connaître les phénomènes ; la vraie science ne prend naissance que quand les lois et les causes se dégagent des faits observés.

b) Les *objets de connaissance* sont divers et les sciences se spécifient en raison de ces objets. Il saute aux yeux que la zoologie est différente de l'astronomie.

c) Si nous considérons la fin, que se propose celui qui étudie, les sciences seront *spéculatives* ou *pratiques*. Dans le premier cas, on n'aspire à rien autre chose qu'à la contemplation de la vérité ; dans le second, on vise un but d'utilité.

III. Classification générale des sciences. — Il y a longtemps que l'on essaye une classification qui ait vraiment une base scientifique et qui ne soit pas purement arbitraire. Nous ne citerons que pour mémoire celle de Clément d'Alexandrie, qui a eu cours jusqu'au commencement du moyen âge. C'est le *quadrivium*, qui comprend l'arithmétique, la géométrie, la musique et l'astronomie, et le *trivium*, qui se compose de la grammaire, de la dialectique et de la rhétorique. La première division, comme on le voit, avait pour objet la matière et ses lois ; la seconde se rapportait surtout à l'ordre intellectuel.

Mais le moyen âge faisait une place à part à la

1. Rabier, *Psychologie*, p. 89.

philosophie, que le même Clément appelle « la maîtresse des sciences humaines ».

La classification que donne saint Thomas s'appuie
sur les différents degrés d'abstraction et est excellente
au point de vue philosophique. [1]

Depuis lors, Fr. Bacon a proposé une division absolument factice, basée sur la distinction des facultés de
l'esprit ; elle a été modifiée ensuite par d'Alembert.
Ampère, en 1834, a publié de son côté un *Essai sur la
philosophie des sciences*. Sa classification est basée sur
la nature des objets et sur la distinction entre les
sciences *cosmologiques*, relatives aux corps, et les connaissances *noologiques*, qui se rapportent à l'esprit. [2]

Il est certain que sous ce rapport la scolastique
était à même de proposer des classifications plus
parfaites, d'abord parce que les objets des sciences
étaient moins nombreux, ensuite parce qu'à cette
époque la théologie dominait et jugeait toutes les
connaissances humaines. Littré lui-même, qui a donné
une classification au point de vue positiviste, et
qui n'est pas suspect, est contraint d'avouer qu'à ce
point de vue le moyen âge était un âge d'or. [3]

IV. Accord avec la foi. — De nos jours, certains savants ou prétendus tels ont voulu opposer la science à
la foi. Ils ont audacieusement affirmé que la science
moderne allait enfin renverser les vieilles hypothèses
surnaturelles et les derniers débris des superstitions

1. *In librum Boetii de Trinitate*, II.
2. Cf. Fichaux, *Précis de la philosophie chrétienne*, 1875, p. 192. —
Cournot, *Essai sur les fondements de nos connaissances*, t. II, ch. XXII.
— Pellissier, *Précis d'un cours complet de philosophie élémentaire*, 1867,
p. 115. — Élie Rabier, *Psychologie*, p. 4. — Balmès, *Art d'arriver
au vrai*, ch. XII, p. 113.
3. *Etude sur les Barbares et sur le moyen âge*, ch. VIII, p. 406.

révélées. « Aujourd'hui, disent-ils, il n'est pas permis à un homme intelligent d'être croyant. Il saute aux yeux de tous que la foi est condamnée à une défaite peut-être prochaine, en tout cas, fatale et complète. »

Devant cette perspective, les uns triomphent bruyamment, d'autres affectent de nous plaindre. Et c'est dans un siècle où beaucoup de sciences relativement nouvelles nous donnent le spectacle de leurs évolutions, de leurs hésitations, de leurs erreurs, que l'on ose proférer de pareilles assertions! D'autre part, c'est à une époque où la géologie vient confirmer les textes de Moïse, où les plus récentes découvertes en Assyrie et en Égypte viennent appuyer l'histoire biblique, que l'on a l'audace de prophétiser, au nom de la science, la chute prochaine de notre religion!

En droit, il est impossible que le livre de la nature puisse contredire le livre de la révélation, car tous deux ont Dieu pour auteur. En fait, où, comment, dans quel ordre d'idées, à propos de quel événement est-on parvenu à prouver que la science moderne est l'adversaire née de la foi? Nous le savons, on a essayé, en bien des circonstances, de leur faire proférer des assertions contradictoires. Bien des fois on a voulu mettre les découvertes scientifiques d'aujourd'hui sur une sorte de lit de Procuste, pour les forcer à rendre faux témoignage et les rendre antichrétiennes. Mais ces oppositions se sont évanouies avec le temps, grâce à une science plus parfaite.

En général, ces prétendus conflits sont venus des savants qui ont mal vu, mal compris, mal déduit. Parfois aussi, nous l'avouons, ils ont eu pour auteurs des théologiens qui ont exagéré la portée des textes de l'Ecriture ou le sens des données de la tradition. Le plus souvent, quand on vient audacieusement affirmer que la science est l'ennemie de la foi, voici ce que signifie cette assertion : Quelques savants, hostiles de parti pris à toute idée religieuse, remplis de préjugés invétérés, ont déclaré que tel texte de l'Écriture, peut-être mal expliqué ou mal entendu, était contraire à certaines conclusions, peut-être mal tirées, de la science qu'ils croient posséder. Mais si un peu de science éloigne de Dieu, une science plus complète ramène bientôt à Lui les esprits un instant égarés. Nous pourrions citer des opinions pseudo-scientifiques que la science incrédule présentait récemment avec une confiance sans bornes. Elles sont vieilles de dix années, et déjà elles sont allées rejoindre les objections de Voltaire au musée rétrospectif des inventions de la libre-pensée.

Ce n'était que fracas et bruit sans profondeur.

Ni en principe, ni en fait, la lutte n'est possible entre la raison et la révélation :

« Idéalement considérées, dit un savant écossais, la science et la religion se touchent et s'embrassent comme deux sœurs de taille et d'âge différents ; la plus petite, la cadette tend les bras et les yeux vers la plus noble, vers son aînée, et celle-ci s'incline pour attirer sur son cœur l'enfant jeune et timide en qui elle reconnaît les traits d'un père bien-aimé. » [1]

N'est-ce pas le cas d'appliquer à ces libres-penseurs le mot de Bossuet : « Qu'ont-ils vu ces rares génies, qu'ont-ils vu plus que les autres? Pensent-ils avoir mieux vu les difficultés à cause qu'ils y succombent, que les autres qui les ont vues et qui les ont méprisées? Ils n'ont rien vu, ils n'entendent rien. » [2]

---

1. Dr Shairp. — Cf. Encyclique *Immortale Dei* (1885) et beaucoup d'autres actes pontificaux.
2. *Oraison funèbre d'Anne de Gonzague.*

V. Rôle et vraie place de la Théologie. — La théologie est la science de la foi. Elle est basée sur les ré-
vélations que Dieu, dans son infinie et gratuite bonté,
a bien voulu faire à l'homme.

Puisqu'elle s'appuie sur la véracité divine, elle est
plus certaine que toutes les connaissances humaines,
sur lesquelles elle exerce son haut domaine et une
sorte de céleste magistrature. C'est une vraie science,
quoi qu'en disent les rationalistes. Ceux-ci, en effet,
prétendent que la théologie n'est qu'une fantaisie
d'imagination, la pieuse exagération d'une âme éprise
de l'amour divin, une sorte de folie douce et d'hallucination prolongée. Telle est la thèse de l'incrédulité
contemporaine.

« Tout croyant délire avec sobriété ou à plaisir, »
s'écrie M. Renan. Et il prévoit dans un avenir prochain le jour où la foi disparaîtra comme s'est éva-
nouie la croyance aux revenants et aux farfadets. Les
progrès de la science profane et laïque, comme ils
disent, la tueront ;

L'idéal tombe en poudre au toucher du réel. [1]

Pour eux, la sainte théologie, que professe l'Église
depuis 1800 ans et qui progresse en se développant
toujours à travers les âges, n'a pas le droit de parler
au nom de la science et de faire peser sur l'esprit humain un joug devenu intolérable.

Telle n'était pas pourtant l'opinion de ce révolutionnaire, d'une logique si rare, qui s'est appelé
Proudhon. « Il est surprenant, disait-il, qu'au fond
de notre politique, nous trouvions toujours la théologie. » [2] — « Ce qui est surprenant, c'est l'étonnement

1. Victor Hugo.
2. *Confessions d'un révolutionnaire*, 1849, p. 61. — Proudhon est
mort en 1865.

qu'expriment ces paroles, répond Donoso Cortès. La
théologie n'est-elle pas la science de Dieu, l'océan qui
contient et embrasse toutes les sciences, comme Dieu
est l'océan qui contient et embrasse toutes les choses?
La théologie est partout, s'occupe de tout et a son
mot à dire sur tout, précisément parce qu'elle domine
tout. »[1]

Cette science diffère essentiellement de la science
philosophique, bien qu'elle s'occupe parfois des
mêmes objets.

Lorsque je considère une vérité, l'existence de Dieu,
par exemple, au simple point de vue de la raison,
c'est une question de philosophie. Quand, au contraire,
je l'examine au point de vue supérieur de la foi, quand
je la prouve par un texte révélé, c'est une question
de théologie que je pose et que je résous. Et de même
que la foi est incomparablement au-dessus de la
raison, ainsi la théologie, science de la foi, domine
incomparablement la philosophie, qui pourtant est la
plus haute parmi les sciences humaines.

Pour pénétrer plus profondément dans l'essence de
la théologie de l'Église et mieux comprendre sa grandeur, comparons-la aux autres sciences surnaturelles,
à la science des bienheureux et à la science de Dieu.

a) **Théologie de l'Eglise.** — Dieu ne s'est pas révélé
à chaque chrétien; il a confié le dépôt de sa doctrine
à un organe vivant qui est l'*Eglise*, et il l'a chargée de
communiquer et d'expliquer la vérité au monde.

Sa théologie est donc la somme des vérités que le

---

1. *Essai sur le catholicisme, le libéralisme et le socialisme*, 1851, l. Ier.
Ce célèbre écrivain et orateur espagnol mourut ambassadeur à
Paris en 1853. Mgr Baunard a écrit sa biographie dans un de
ses volumes intitulé : *La Foi et ses victoires* (1882).

Saint-Esprit, par les moyens ordinaires (Écriture ou Tradition), a transmises à l'Église.

Cette science est *infaillible*, sans être ni personnelle, ni intuitive, ni infinie.

Elle est *infaillible*, car son organe vivant ne peut se tromper, assisté qu'il est toujours par le Saint-Esprit.

Elle n'est pas personnelle, car elle est le domaine social de l'Église en général, et du corps enseignant qui la transmet au corps enseigné.

Elle n'est pas intuitive, car elle ne *voit* pas encore comme les bienheureux ; elle *croit* et attend la vision béatifique comme récompense de sa foi.

Elle n'est pas infinie, car elle est contenue dans des esprits finis ; elle est susceptible d'accroissements. En effet, dès son origine, elle a progressé, en trouvant des noms mieux appropriés, en donnant des définitions plus claires, ou encore en augmentant le nombre des vérités explicites.

Mais la théologie que nous étudions laborieusement dans cet exil, descend de la science des bienheureux, comme le dit saint Thomas ;[1] elle est une émanation des ineffables clartés qui éclairent les régions supérieures. Il s'ensuit que cette fille du ciel n'expire pas sur le seuil de ce monde, mais qu'elle remonte au lieu de son origine, dans l'éternelle patrie. De grands docteurs ont tiré avant nous cette conséquence, et saint Jérôme écrivait autrefois : « Apprenons sur la terre les choses dont la connaissance nous accompagnera dans les cieux. »

L'intelligence doit, ainsi que la volonté, recevoir sa récompense, et quand elle a été ici-bas dilatée par l'étude, agrandie par la science théologique, elle peut s'assimiler au ciel une plus grande somme de vérités

1. *Somme théol.*, 1re partie, q. I, a. 2.

et de célestes lumières, dans le sein de l'être infini.

b) **Théologie des bienheureux.** — Les anges et les
saints du ciel ont une théologie qui est infaillible,
personnelle et intuitive, mais qui n'est pas infinie,
parce que leur intelligence ne l'est pas.

Ils *voient* ce que nous *croyons ;* un dogme qui est
pour nous article de foi, comme la Trinité, par exemple, est pour eux objet de vision. L'Église militante a
la théologie de la *voie;* l'Église triomphante a la théologie de la *patrie.* L'éclat des lumières dont nous jouirons là-haut sera en proportion avec l'ardeur de la foi
que nous aurons montrée ici-bas. C'est ce que saint
Thomas explique à Dante au xive chant du *Paradis :*

« Notre clarté, dit-il, est proportionnée à notre charité ;
notre charité, au bonheur de voir le premier bien (Dieu),
et ce bonheur est aussi grand que daigne le permettre la
grâce divine. Lorsque nous aurons repris notre corps sanc-
tifié et glorieux, notre personne sera devenue plus parfaite, parce qu'elle sera plus entière; notre lumière s'augmentera de la félicité que Dieu distribue si généreusement,
et qui nous rend capables de le contempler : nous verrons
alors s'accroître à la fois le bonheur de cette vision, notre
charité, et les rayons de notre gloire qui proviennent de lui.

« Le charbon se fait encore distinguer dans le feu, quoiqu'il soit tout environné de la flamme; de même l'éclat
qui nous entoure ne devra être obscurci qu'en apparence
par la chair du corps que nous reprendrons. Tant de
splendeur ne pourra nous fatiguer : les organes du corps
seront devenus tels, qu'ils supporteront tout ce qui d'ailleurs augmentera leurs délices. »

c) **Théologie de Dieu.** — Seule, la science de Dieu
est infinie. Notre théologie de la terre est incomplète;
celle des bienheureux l'est moins, parce qu'ils reçoivent davantage du trésor divin ; celle de Dieu est

infiniment parfaite, car elle n'est autre que son intelligence, c'est-à-dire son essence même.

Un homme assis sur les bords de l'océan voit-il la mer? Oui; ainsi les bienheureux contemplent Dieu. Voit-il toute la mer, toute cette étendue liquide qui court d'un pôle à l'autre? [1] Non; et pourtant telle est la science de Dieu, immense et infinie, sans succession de temps, embrassant en un seul coup d'œil les effets et les causes, les êtres possibles comme les êtres réels.

Si nous voulions résumer dans un seul tableau ces trois théologies, qui se superposent pour ainsi dire, nous étudierions attentivement la magnifique toile où Raphaël a peint la Transfiguration.

Au bas de la montagne, on aperçoit les apôtres; ils entourent le jeune possédé qu'ils ne peuvent guérir. Ils désignent le divin Maître comme le seul qui puisse rendre à la santé cet infirme de corps et d'esprit. Ce malade n'est-il pas la science humaine, trop souvent possédée du démon de l'orgueil, se torturant à chercher mille inventions pour échapper à l'influence des sciences divines et « pour guerroyer Dieu et ses dons », comme disait saint Louis? Cet apôtre dont le bras tendu s'élève vers le céleste Maître et qui réunit la scène du bas de la montagne à celle du sommet, c'est la vraie philosophie qui, maîtresse de toutes les connaissances humaines, en montre dans les sciences divines le mystérieux couronnement.

Pierre, Jacques et Jean, les futurs fondateurs de l'Église, ont suivi Notre-Seigneur sur le sommet de la montagne; ils représentent notre théologie *terrestre*. Elle se couvre la face devant l'éclat resplendissant d'une lumière supérieure. Elle ne voit pas Dieu comme les bienheureux, mais elle est frappée et comme entourée par

1. Pétau, *Opus. de theol. dogm.* VII, 3 et seqq.

le reflet de cette gloire qui suffit à lui faire dire : « Qu'il
fait bon d'être ici ! »

Moïse et Elie, c'est la théologie *bienheureuse*, qui
s'élève au-dessus de terre, qui contemple sans voile
la gloire éternelle.

Enfin, au sommet du tableau, c'est Jésus-Christ
transfiguré. Les rayons de la gloire corporelle écla-
tent sur son visage brillant comme le soleil, sur ses
vêtements blancs comme la neige. C'est la théologie
divine, dans son incomparable et incommunicable
splendeur. C'est celle dont la contemplation fera un
jour nos délices éternelles dans la bienheureuse patrie
des élus.

LIVRE SECOND

DES FACULTÉS SPIRITUELLES

CHAPITRE SECOND

DE LA VOLONTÉ

I. — Existence et notion générale de la volonté

II. — Son objet.....
- 1° Bien en général. — État correspondant de la volonté : Nécessité.
- 2° Biens particuliers. — État correspondant de la volonté : Liberté.
- 3° Bien apparent ou mal.

III. — Liberté physique ou d'élection
- 1° Ses tendances diverses.
- 2° Son influence sur les facultés de l'âme en général.
- 3° — sur les facultés de connaissance.
- 4° — sur l'appétit sensitif.

IV. — Liberté morale
- Ce qu'elle est
  - dans l'ordre individuel.
  - — social.
- Ce qu'elle n'est pas
  - dans l'ordre individuel.
  - dans l'ordre social
    - liberté des cultes.
    - — de la parole ou de la presse.
    - — de l'enseignement.
    - — de conscience.

V. — Règles de la volonté
- Morale
  - naturelle.
  - surnaturelle.
- La morale est dirigée *extérieurement* par la loi naturelle, positive, divine et humaine.
- *Intérieurement* par la conscience.

VI. — Habitude.

CHAPITRE II

De la volonté

§ 1. — **Existence et notion générale de la volonté**

1° La seconde puissance de l'âme est la volonté. Il ne s'agit pas seulement d'étudier et de former l'intelligence qui saisit le vrai, mais il faut encore connaître et exercer la volonté qui porte au bien. *Ce qui fait véritablement l'homme, ce qui l'achève, c'est cette faculté qui, éclairée par l'intelligence, doit se diriger vers le bien suprême qui est Dieu.* « Les hommes sont des volontés, » dit un saint Père.

Telle que nous la comprenons, l'éducation ne doit être rien autre chose que l'apprentissage sérieux de la vie, qu'une initiation à l'usage raisonnable et chrétien de la volonté et de la liberté. Il est donc très important que l'on ne s'attache pas seulement à éclairer l'entendement, mais qu'on s'occupe surtout à former la volonté. « Malheur à la connaissance stérile qui ne se tourne pas à aimer et qui se trahit elle-même ! » [1]

Nous avons déjà vu que l'appétit sensitif suit la faculté perceptive (p. 65). Quand l'animal a perçu un objet par ses sens, soit internes, soit externes, il est naturellement porté vers lui par un certain désir, par une sorte de volonté inférieure qui est précisément cet *appétit sensitif. Si l'objet est désagréable, il éprouve une répugnance instinctive. Mais l'agent sensible ne connaît expérimentalement ce terme que quand il l'atteint : jusque-*

---

1. Bossuet, *Connaissance de Dieu et de soi-même*, IV, 10.

là, il l'ignore, il agit à l'aventure, tout entier à la sensation et à la sollicitation du moment présent. Il se sent attiré ou repoussé et ne saurait vouloir autre chose ni autrement.

L'homme a un mode de perception supérieur, c'est l'intelligence; il est donc naturel qu'il ait aussi une façon d'être porté vers l'objet qui soit plus haute que celle qui meut l'être irrationnel. Cet appétit supérieur, c'est la volonté. C'est une manière de tendre à la fin qui est proportionnée à l'intelligence humaine. On le voit, cet appétit raisonnable est infiniment plus noble que celui qui fait agir les animaux. Le premier vient de l'animal raisonnable, le second dérive de l'animalité pure. L'un suit le jugement de l'intelligence, l'autre est subordonné à la perception sensible; l'un nous élève aux biens spirituels et éternels, l'autre nous porte aux biens matériels et transitoires. Par l'appétit intellectif, nous participons aux affections des anges, et nous devenons ainsi, une fois de plus, l'image de Dieu par voie d'amour; par l'appétit sensitif, au contraire, nous partageons les passions de la brute.

L'homme, tout à la fois sensible et raisonnable, a ces deux manières d'opérer. Tantôt il mêle les deux genres d'opérations, tantôt il les sépare; parfois il agit par impression, toujours il devrait se laisser conduire par la raison. Souvent il croit agir raisonnablement alors qu'il obéit servilement à la passion. L'intelligence ne joue là qu'un rôle de témoin, et encore souvent son rapport est-il faux, parce qu'elle est aveuglée. La volonté égarée par l'intelligence ou entraînée par un bien apparent, laisse faire l'instinct ou même lui obéit, et voilà pourquoi l'homme est alors responsable de ce qui n'est point raisonnable en lui.

« Nous avons en nous, dit saint François de Sales, l'appétit sensitif, par le moyen duquel nous sommes portés à la recherche et à la fuite de plusieurs choses, par la cognoissance sensible que nous en avons; tout ainsi comme les animaux, desquels les uns appétent une chose, et les autres une autre, selon la cognoissance qu'ils ont qu'elle leur est convenable ou non. En cet appétit réside, ou d'iceluy provient l'amour que nous appelons sensuel ou brutal, qui, à proprement parler, ne doit néantmoins pas estre appelé amour, ains seulement appétit. En tant que nous sommes raisonnables, nous avons une volonté par laquelle nous sommes portez à la recherche du bien, selon que nous cognoissons ou jugeons estre tel par discours. [1]

Il y a péché plus ou moins grave à se laisser conduire par la perception sensible et entraîner par l'appétit inférieur, contre les lumières de la raison et aussi contre les aspirations de la volonté droite. Nous l'avons vu (p. 68), la passion est spontanée; c'est un mouvement qui n'a pas besoin pour se produire d'être prévu par la raison, médité par la réflexion, consenti par la volonté. Mais la volonté a le devoir de résister aux mouvements produits par l'appétit sensitif, quand ils ne sont pas conformes aux prescriptions de l'intelligence. Hélas! tout homme venant en ce monde peut dire avec Racine :

> Mon Dieu, quelle guerre cruelle!
> Je trouve deux hommes en moi :
> L'un veut que, plein d'amour pour toi,
> Mon cœur te soit toujours fidèle;
> L'autre, à tes volontés rebelle,
> Me révolte contre ta loi.

Comme Louis XIV, chacun de nous doit s'écrier, s'il est sincère : « Je connais bien ces deux hommes-là ! »

1. *Traité de l'amour de Dieu*, l. I, ch. II.

L'appétit supérieur doit toujours dominer l'appétit sensitif et être le premier moteur, dit saint Thomas. [1]

2° La volonté a deux qualités essentielles : [2]

a) **Elle est un principe intérieur et immatériel d'activité.** — Les objets qui n'ont pas la vie ne peuvent être mus que par une impulsion extérieure. Une pierre ne se met en mouvement que si une force étrangère vient la pousser. La plante et l'animal ont aussi un principe intérieur de mouvement, mais il est matériel : c'est leur âme mortelle, grossière et si différente de la nôtre.

L'homme possède en lui un principe de mouvement bien supérieur, principe immortel et immatériel qui lui donne la faculté de tendre vers les biens spirituels. Ce mouvement, éclairé par l'intelligence, n'est autre que l'acte de volonté. C'est un désir délibéré et raisonné qui le porte vers les biens supérieurs.

b) **Ce mouvement est fait avec connaissance de la fin, car la volonté est un appétit rationnel**; c'est pour cela que le flambeau de l'intelligence doit toujours l'éclairer sur le but qu'elle se propose. Cette condition distingue l'homme de l'animal, qui ne saurait s'élever jusqu'à la connaissance de la fin. L'homme, lui-même, quand il suit l'impulsion naturelle et aveugle qui le porte à certains actes sans but délibéré, ne remplit pas cette seconde condition, il est guidé par son instinct spontané et fatal et il ne saurait faire d'acte complètement volontaire. Ses actions sont alors semblables aux actes non délibérés des animaux.

1. 1re 2e, q. LXXXI, a. 3.
2. *Ibid.*, 1re 2e, q. VIII et suiv.

3° La volonté diffère de l'intelligence par sa fin et par son mode d'action. — L'intelligence recherche le vrai ; la volonté a pour but le bien. Mais il est impossible à cette seconde faculté de se mouvoir, si la connaissance de l'esprit, comme un flambeau, ne l'éclaire d'abord. Sans doute le bien est désiré par la volonté, mais c'est la raison qui précédemment l'a reconnu comme bien, car on ne saurait vouloir ce que l'on ne connaît pas, dit l'axiome traduit du latin. Dans toute volition, le choix est donc toujours précédé d'un jugement sur la vérité des biens et sur la préférence que nous devons accorder à l'un d'eux, aux dépens des autres. La volonté, sans avoir le même but que la raison, doit donc toujours être guidée et éclairée par elle.

Si nous examinons le mode d'action, nous trouvons aussi qu'il n'est pas le même dans chacune de ces facultés. En effet, l'intelligence reçoit en elle, par le moyen des sens, une certaine image de l'objet (p. 43 et 81). Le point de départ de cette opération est au dehors, et cette activité se termine au dedans. Au contraire, l'activité de la volonté part de l'intérieur ; de là elle se porte vers les objets extérieurs. Le point de départ de cette opération est au dedans et le point d'arrivée au dehors. Par exemple, un amateur de chevaux voit un coursier de formes superbes et de rapide allure. Une image de ce Bucéphale se reflète dans ses yeux et se grave dans son esprit ; elle vient de l'objet extérieur et s'imprime intérieurement, c'est l'opération de l'intelligence. Par suite de cette connaissance acquise, sa volonté se porte vers cet animal admiré, c'est une opération qui va du dedans au dehors (p. 66), c'est l'opération propre de la volonté.

§ II. — Objet de la volonté

Le vrai est l'aliment immatériel de tout esprit : nous l'avons dit (p. 84).

« Dieu, esprit parfait, s'en nourrit dans l'immobile contemplation de son être, source et support de toute vérité, et par cela même qu'il nous configurait à son essence, il devait nous convier à son festin. Nous devions aussi imiter la bonté morale de Dieu, car la volonté suit l'intelligence. Le bien, objet même de la volonté divine, devient l'objet de notre volonté. Voulu librement, il nous assure la gloire du mérite ; voulu habituellement, il nous revêt de la suprême beauté de la vertu. »[1] Nous allons donc traiter du bien en général et des biens particuliers, puis nous étudierons ce qui leur est opposé, c'est-à-dire le mal.

I. — DU BIEN EN GÉNÉRAL

L'objet de la volonté est le bien. Si nous considérons le bien en général, le bien infini, nous disons que la volonté s'y attache nécessairement. Dieu l'a ainsi faite qu'elle ne saurait ne pas se porter vers la fin universelle. Quand on lui montre ce but, elle n'est point libre ; elle est déterminée forcément à se diriger vers cet objet qui doit faire son bonheur. Elle ne reconquiert sa liberté que lorsqu'il s'agit de biens particuliers. Ceux-ci, en effet, ne nous enlèvent point complètement la jouissance de nos facultés ; ils ne sont que des moyens qui doivent nous conduire à la fin universelle.

L'intelligence s'attache nécessairement au vrai en

1. Cf. Monsabré, *Conférences de 1875*, p. 247 et suiv.

général : elle est forcée d'admettre les axiomes qui sont les principes d'évidence première (p. 112). De même, nous l'avons déjà dit, la volonté est nécessitée par le bien en général, elle n'a pas la liberté de s'en détourner, car ce bien est comme la fin dernière pour laquelle Dieu l'a créée. Par suite l'amour de cet objet s'impose à notre volonté et tous nos autres désirs doivent être subordonnés à cette suprême espérance.

Un jour, nous jouirons comme récompense surnaturelle de la plénitude du vrai et du bien, qui se trouve en Dieu. Car, si le souverain Maître a bien voulu mettre en nous ces aspirations supérieures, il ne saurait laisser éternellement sans pleine satisfaction ces hautes et légitimes ambitions de nos âmes.

II. — DES BIENS PARTICULIERS

Avec la raison et la philosophie antique, nous reconnaissons une triple sorte de biens particuliers. Aucun n'est nécessaire pour arriver au bonheur et n'entraîne obligatoirement la volonté. C'est sur ces biens que s'exerce notre faculté d'élection, car ils ne sont que des moyens qui doivent nous aider à arriver à notre fin suprême.

Ce triple bien est l'*honnête*, l'*utile* et l'*agréable*. C'est ainsi qu'on doit les diviser, si l'on considère le motif ou le mobile qui met en mouvement la volonté.

L'*honnête* est le bien qui nous entraîne par sa propre excellence, car c'est la beauté spirituelle et intelligible, dit saint Augustin. [1] C'est le bien proprement dit, le vertueux, l'honorable ; mais nous pouvons parfois choisir entre deux choses honnêtes qui nous

1. *De diversis quæst.* LXXXIII, liber unus, apud Migne, *Patr. lat.*, t. XL, col. 10.

conduisent à notre but final. Nous ne parlons pas ici de l'honnête suprême qui est Dieu et qui termine entièrement le mouvement moral provoqué par le bon et l'appétible.

L'*utile* ne termine qu'en partie le mouvement vers le bon ; il répond à notre intérêt et le sert. Ce n'est pas une fin, c'est un moyen d'arriver à la fin.

L'*agréable* enfin est le bien dans lequel se repose la volonté, parce qu'il la flatte et lui procure quelque plaisir. C'est en quelque sorte le fruit de l'utile ou de l'honnête, ou plutôt c'est comme l'assaisonnement dont la perspective excite notre appétit intellectuel à vouloir l'utile ou l'honnête, et dont la possession est la récompense de la volonté qui a embrassé l'honnête par l'utile.

Nous n'en sommes plus au temps des païens, à cette époque où Varron, le plus savant des Romains, avait compté plus de deux cents souverains biens différents, indiqués par les philosophes qui l'avaient précédé. Cependant on peut mentionner trois séries d'erreurs modernes qui se rapportent aux trois sortes de biens dont nous venons de parler.

La première soutient qu'il n'y a pas de différence naturelle et objective entre l'honnête et le déshonnête, entre le bien et le mal. Les uns, comme l'Anglais Hobbes († 1679), prétendent que cette distinction vient des lois civiles, d'autres, comme Montaigne († 1592) et Saint-Lambert († 1803), en placent la source dans l'éducation, dans l'opinion publique ou dans la tradition des peuples. D'autres enfin, plus impies, veulent y voir un résultat funeste de certains préjugés religieux qu'ils aspirent à détruire.

D'après eux tous, la différence entre le bien et le mal s'impose à l'homme sans doute, mais elle vient de l'homme et non pas d'un principe supérieur et divin. « Nous faisons, disent-ils, la bonté de ce que nous aimons, comme nous faisons la vérité de ce que nous croyons. » [1]

Pour nous, nous affirmons au contraire que la distinction entre l'honnête et le déshonnête vient de Dieu et qu'elle s'appuie sur les perfections essentielles du Créateur, comme sur celles de la créature humaine. Certains philosophes ont prétendu que le bien est tel parce qu'il est commandé par la loi divine, et que le mal est tel parce qu'il est défendu par elle. [2] Le vol et l'homicide ne seraient donc pas condamnables, si Dieu les avait approuvés.

Mais les perfections divines s'opposent à ce que le Créateur permette toutes ces fautes, essentiellement contraires à sa nature. Dieu doit de plus approuver et récompenser chez l'homme tout ce qui est bon, juste et saint parce que ces qualités sont conformes à son essence très parfaite. C'est donc à cette hauteur qu'il faut monter, si nous voulons trouver la vraie raison de cette distinction si importante. D'ailleurs, la commune et invincible persuasion de tous les hommes proclame avec nous que certaines actions sont essentiellement vertueuses et que certaines autres sont naturellement vicieuses. Une conviction si universelle ne saurait venir des lois civiles, qui sont différentes d'après les pays; elle ne peut émaner non plus de l'éducation, qui est infiniment diverse selon les climats et les croyances; elle découle encore

1. Cf. Monsabré, *Conférences de 1872; Radicalisme contre radicalisme*, p. 11 et 40.

2. Grotius, Puffendorf, protestants, et avec eux parmi les catholiques, G. Occam (1280-1347) dont les opinions se rapprochent de l'hérésie et Pierre d'Ailly, évêque de Cambrai (1350-1420).

moins de l'opinion publique, qui change sans cesse,
et des traditions, qui ne sont pas générales. Ces règles
nous sont indiquées par la nature humaine, créée en
conformité avec la nature divine.

La seconde série est celle des philosophes qui
soutiennent la *morale de l'intérêt*. Ils se divisent en deux
groupes, selon qu'ils considèrent comme fin l'intérêt
individuel ou l'intérêt social. Les premiers reconnaissent pour chefs La Rochefoucauld en France, et
Bentham en Angleterre. Les autres prétendent que
l'on doit uniquement se proposer comme but le bien
de la société, et marchent sur les traces de Stuart
Mill et d'Herbert Spencer. [1]

La troisième classe d'erreurs soutient que le seul
bien et la fin dernière de la vie c'est l'*agréable*, et que le
seul mal est la douleur. Un des premiers qui paraît
avoir soutenu cette morale dégradante du plaisir,
c'est Epicure ; il a donné son nom au système. Les
philosophes matérialistes du xviiie siècle, comme
Lamettrie († 1751), Helvétius († 1771), Condillac
(† 1780), Diderot († 1784) et Volney († 1820), ont
appliqué tout leur esprit à couvrir d'une apparence
scientifique et d'une certaine forme littéraire cette
philosophie athée et bassement sensualiste, qui ne
se réfute pas.

Combien tous ces systèmes égoïstes sont impuissants
à prendre autorité sur les hommes, à les pousser au
devoir, à leur faire pratiquer la vertu, à exciter en eux
de généreux dévouements; il n'est pas un chrétien
qui ne s'en aperçoive! C'est déjà une grande preuve
de dégradation sociale que ces théories aient pu
obtenir un certain succès dans les chaires et dans

1. Cf. *Syllabus*, pr. LVIII.

les livres. Ce serait la ruine de la société chrétienne,
si elles étaient universellement approuvées et mises
en pratique. [1]

La morale catholique a son fondement en Dieu,
puisque c'est sa volonté qu'il me propose et que je
dois accomplir. Cette volonté est le *bien*, l'*utile* et
l'*agréable* par excellence. Ce qui lui est opposé est le
mal, l'*inutile* et le *déplaisant*.

Comme l'homme ne peut se proposer pour fin que
le bien, il doit nécessairement, s'il veut être pleinement
satisfait, s'orienter vers Dieu, qui est le bien suprême,
l'utile au plus haut point et aussi l'objet le plus
agréable qui soit et puisse être au monde.

Mais qu'arrive-t-il lorsque ces trois sortes de bien
paraissent en conflit?

« Avant tout, dit l'éminent docteur Didiot, nous plaçons
l'*honnête;* au second rang, nous mettons l'*utile;* au troisième, l'*agréable* ; et, si parfois nous avons à choisir entre
le bien et l'utile, entre le bien et l'agréable, nous savons
que le bien doit l'emporter, et nous lui sacrifions généreusement notre intérêt et notre bonheur le plus cher. Il
est vrai que quand il s'agit du bien suprême qui est Dieu,
ce bien est en même temps aussi l'utile et l'agréable au
suprême degré; il ne peut donc y avoir de conflit entre
eux, et nous serions aussi absurdes que coupables de ne
pas reconnaître une infinie utilité et une infinie béatitude
dans la possession du bien infini. Mais, dans ce cas même,
nous savons maintenir la hiérarchie exposée tout à l'heure,
et chercher Dieu comme bien, avant de le chercher comme
utile et comme délectable. » [2]

Voilà ce qu'enseigne le droit naturel avec l'Église, à
propos de la bonté et de la moralité des actes
humains. Les morales inventées surtout de nos jours,

---

1. Cf. Dr J. Didiot, *Principes de morale catholique, Morale générale*, ch. II, p. 36.
2. *Ibid.*, p. 40.

qui s'appuient sur l'intérêt ou sur le plaisir, ne peuvent avoir *qu'une base fragile* et ne présentent *qu'une sanction insuffisante*. Qu'elles s'appellent civique, laïque, indépendante, elles souffrent toutes d'un vice originel, et elles manquent en même temps d'un légitime couronnement.

D'ailleurs la morale est un mot qui n'admet pas de pluriel. Il n'y en a qu'une, c'est la morale naturelle, complétée, chez les chrétiens, par la morale surnaturelle.

On peut affirmer d'elle ce qu'on a dit de Dieu : « En le multipliant, on le détruit. »

III. — DU BIEN APPARENT OU MAL

Nous ne sommes pas de ceux qui, comme les Manichéens, admettent l'existence et l'influence de deux principes coéternels, le principe bon, auteur de tout bien, et le principe mauvais, auteur de tout mal. *Le mal n'est pas quelque chose de réel et de subsistant, ce n'est pas un être, c'est dans l'être la simple privation de quelque bien particulier.* [1]

L'imperfection même de ce monde créé implique la possibilité, nous dirons plus, la nécessité du mal. En effet, cet univers se compose d'êtres *corruptibles*, qui nécessairement se corrompront un jour. Les langueurs, les maladies, les maux incurables, tout conspire contre le corps de l'homme, et le mariage sacré de la matière avec la vie ne peut se dissoudre que par la douleur; c'est le *mal physique*.

De plus, la création contient des êtres *incorruptibles*,

---

1. Cf. S. Augustin, *contra epist. Manichæi*, apud Migne, *Patr. lat.*, t. XLII, col. 200, et *contra Secundinum Manichæum*, c. 588. S. Thomas, opusc. *De malo.* — *Somme théol*, 1re partie, q. XLVIII a. 1.

tels que les anges et les âmes humaines, que leur
céleste Auteur a doués de la liberté. Ces volontés,
parfois défaillantes, peuvent s'écarter ou se détourner de leur fin, protester contre la loi éternelle, tendre à se mettre en dehors de l'ordre, et démériter au
lieu de mériter; c'est le *mal moral.*

Il n'y a pas d'être que Dieu ait créé foncièrement et
absolument mauvais. Après chaque journée créatrice,
le Seigneur contemple son œuvre avec amour et voit
que tout y est bon. Chaque être a une vertu essentiellement bonne avec certaines bonnes qualités. Le mal en
lui vient des défauts, n'y en eût-il qu'un, c'est-à-dire
d'une corruption. Il n'est pas la nature d'un être, il
ne vient pas de cette nature, bien qu'on puisse le
trouver parfois chez un être bon, car il ne saurait
exister sans reposer sur quelque bien. [1]

Par exemple, un vers faux ou une pensée qui dé-
tonne peuvent se glisser dans une pièce de poésie, et
cependant la pièce est parfois excellente dans son
ensemble. Si un seul personnage est disgracieux et
mal peint dans un tableau, son auteur ne passera
jamais pour un grand artiste. Etre aveugle est un
défaut dans l'organisme humain, bien que tout le
reste du corps puisse être bon. Un acte peut être irré-
prochable dans son objet et dans ses circonstances, et
se trouver mauvais à cause de la fin pernicieuse qu'on
se propose. La moralité de l'acte humain peut être
comparée à un ruisseau qui procède de trois sources;
si une seule est empoisonnée, tout le ruisseau est bien
vite corrompu.

De plus, saint Augustin nous affirme que *tout mal est
péché, ou peine du péché;* le premier est le mal MORAL, le

1. S. Augustin, *De nuptiis et concup.* Apud Migno, t. XLII,
col. 464.

second est le mal PHYSIQUE. En effet, c'est à cause de la première faute que le mal s'est répandu sur la terre, nous dit le livre de la Genèse, et le paganisme lui-même l'avait compris quand il a inventé la fable de la boîte de Pandore, d'où s'échappent tous les malheurs qui peuvent affliger l'humanité.

Dieu est-il l'auteur du mal ? « Le Créateur, répond Calvin, est l'auteur du péché ; c'est à son insti-gation et avec son aide que les hommes le commettent. Il produit les œuvres criminelles comme les œuvres saintes, et il faut lui attribuer la trahison de Judas aussi bien que la conversion de Paul. » [1]

Un poète de nos jours a mis en vers, peut-être in-consciemment, cette monstrueuse doctrine :

> Pourquoi donc, ô maître suprême,
> As-tu créé le mal si grand
> Que la raison, la vertu même,
> S'épouvantent en le regardant ? [2]

Ainsi parle, en vers ou en prose, toute l'école pessi-miste ancienne et moderne. Cette dernière a trouvé ses principaux représentants chez certains philosophes allemands et chez plusieurs poètes français ou ita-liens. [3]

L'Église catholique, d'accord avec la vraie philoso-phie, a toujours protesté contre ce révoltant enseigne-ment. Elle a toujours affirmé que le mal existe, non en vertu d'une action, mais en vertu d'une permission de

1. *Institut*, l. I, ch. xxiii, nº 2 et 3. — Cf. S. Augustin, *De libero arbitrio*, apud Migne, t. XXXII, col. 1222.

2. A. de Musset, *Espoir en Dieu*. Le programme le plus récent demande la connaissance de cette pièce, qu'on peut appeler blas-phématoire, à toutes les aspirantes au brevet supérieur des jeunes filles.

3. Cf. Mgr Baunard, *Le doute et ses victimes dans le siècle présent*, 5º édit., p. 303, 328, 380, etc.

Dieu. Le Créateur n'a pas voulu le péché de nos premiers parents, source de tous les autres; encore aujourd'hui il laisse l'homme entre les mains de son conseil, comme dit la sainte Ecriture, [1] et il a disposé de nous avec grand respect.

Au point de vue **physique**, *Dieu se sert de la douleur pour corriger la trompeuse douceur des plaisirs terrestres, pour nous remettre comme de force dans la voie de la vertu que nous avions abandonnée, ou pour nous faire expier nos fautes passées.*

L'injustice des hommes est ainsi le ministre de la justice de Dieu. S'il y a beaucoup de bourreaux coupables, il est bien peu de patients innocents, et, comme on l'a dit, nous sommes tous « les obligés de la douleur. » [2] C'est ainsi que le poète a pu s'écrier :

Tu fais l'homme, ô douleur ! oui l'homme tout entier,
Comme le creuset l'or, et la flamme l'acier. [3]

Même quand Dieu permet la malice des méchants, il ne la provoque pas, et, si quelquefois il s'en sert pour nous éprouver, il n'est point responsable de la méchanceté de leurs actes.

Si nous considérons le rapport **moral**, *Dieu ne pourrait empêcher toutes les défaillances de l'homme sans enchaîner et suspendre l'exercice de sa liberté.* Mais le bien reste toujours finalement victorieux. En effet, le bien est de l'être, le mal est une privation d'être. Or, s'il en est ainsi, un seul acte de vertu l'emporte sur tous les péchés imaginables, autant que l'être est supérieur au néant.

De plus, *Dieu sait tirer le bien du mal.* « Les démons

---

1. *Eccli.* xv, 16. — *Sap.* xii, 18.
2. Cf. Monsabré, *Conférences de* 1876, p. 174.
3. Lamartine, *Harmonies*, VII.

usent pour le mal des natures bonnes, dit saint Augustin ; le Créateur use pour le bien de ceux mêmes qui sont mauvais. » [1]

C'est ce que Villemain [2] a spirituellement appelé *l'alchimie de la Providence.* L'histoire tout entière est pleine de ces maux tantôt apparents, tantôt réels, qui ont produit les plus grands biens. Pour n'en citer qu'un exemple, les persécutions qui ont sévi contre les chrétiens n'ont-elles pas fait germer, sur la terre de l'Eglise, les fleurs des plus héroïques vertus et des plus beaux dévouements? N'ont-elles pas été comme un vent violent qui a activé la flamme apportée par Jésus-Christ sur la terre et dont il a voulu embraser le monde? Saint Augustin s'écriait en parlant du péché originel : Heureuse faute qui nous a mérité un pareil Rédempteur! *O felix culpa !*

§ III. — De la liberté physique ou d'élection

La liberté ne constitue pas une puissance ajoutée à la volonté et réellement distincte d'elle; c'est la volonté même en tant que, dans ses actes, elle a la faculté de choisir. Cette faculté ne s'exerce que sur les biens particuliers et finis ; car lorsqu'il s'agit du bien en général, du bien infini, il n'y a point de liberté. Nous y tendons nécessairement par toutes les forces de notre nature. Les actions volontaires et libres appartiennent à une même puissance, qui est la volonté, comme les actes d'appréhension, de jugement et de raisonnement émanent tous de la même faculté, qui est l'intelligence.

1. Cf. de Bonniot, *Le Problème du mal*, 1888, p. 33 et suiv.
2. Littérateur français mort en 1867. Il était membre de l'Institut et il s'est surtout distingué par son *Cours de littérature* et son *Tableau de l'éloquence chrétienne au IV᷍ siècle.*

La liberté en général est la source de la vertu et du vice, du mérite et du démérite. C'est d'elle que vient tout ce qui honore ou déshonore l'individu, tout ce qui désole ou console la société humaine. Ecoutons encore une fois un grand poète qui fut aussi un grand théologien. La mystique Béatrix dit au Dante :

« Le plus grand don que Dieu dans sa munificence fit à la créature, le plus conforme à sa bonté, celui qu'il apprécie le plus, est la liberté de la volonté dont toutes les créatures intelligentes, mais elles seules, ont été et sont douées. » [1]

1° En général, la liberté est l'absence de tout lien. On distingue la liberté **physique** ou **naturelle** et la liberté **morale**.

La première est la source et le principe de toute liberté, quelle qu'elle soit. *C'est l'exemption de tout lien physique ou naturel. C'est une propriété de la volonté humaine par laquelle, étant posé tout ce qui est nécessaire à son opération, elle peut agir ou ne pas agir, faire telle chose ou la chose contraire.* Par exemple, je puis faire telle action ou m'en abstenir, tuer mon ennemi ou lui pardonner.

La liberté morale est la faculté de se mouvoir dans les limites de la loi et de choisir entre les moyens légitimes qui conduisent au but. Je suis libre de dire telle prière tous les jours ou de ne pas la dire.

2° Prouvons d'abord que nous sommes libres contre les Matérialistes, qui n'admettent que la matière, et les Fatalistes, qui croient que tout est gouverné par le destin.

Si nous interrogeons notre propre conscience, elle nous répondra que nous jouissons de la liberté. « Que chacun de nous, dit Bossuet, s'écoute et se consulte

1. *Paradis*, chant V.

soi-même, il sentira qu'il est libre, comme il sentira qu'il est raisonnable. » [1]

Avant, pendant et après le choix de tel ou tel acte moral, nous avons le sentiment intime de notre liberté et nous n'en pouvons douter dans la pratique.

Voltaire, dans des vers connus, s'est fait l'écho de cette conscience que nous avons.

> Vois de la liberté cet ennemi mutin,
> Aveugle partisan d'un aveugle destin;
> Entends comme il consulte, approuve, délibère;
> Entends de quel reproche il couvre un adversaire;
> Vois comme d'un rival il cherche à se venger,
> Comme il punit un fils, et le veut corriger.
> Il le croyait donc libre ? Oui, sans doute; et lui-même
> Dément à chaque pas son funeste système.
> Il mentait à son cœur, en voulant expliquer
> Ce dogme absurde à croire, absurde à pratiquer,
> Il reconnaît en lui le sentiment qu'il brave :
> Il agit comme libre, et parle comme esclave. [2]

D'ailleurs, si l'homme n'est pas libre, les lois n'imposent plus d'obligation morale, l'autorité n'est plus que la force brutale, les tribunaux ne rendent plus la justice, les châtiments tombent à faux sur les voleurs et les assassins, la notion même de vertu et de vice n'a point de sens, le bien et le mal ne sont plus que de vains mots.

Voilà tout autant de conséquences qui offensent la raison et qui révolteraient le genre humain tout entier.

Sans doute, on admet bien que des causes extérieures ou intérieures peuvent diminuer souvent et même détruire parfois la liberté; mais *la crainte* ou *la violence*, *les passions* ou *l'ignorance* n'exercent pas

---

1. *Traité du libre arbitre*, II.
2. *Discours en vers sur la liberté.*

toujours sur le libre arbitre une influence fâcheuse et
et décisive.

La liberté physique existe *quand l'objet ne se présente pas à nous comme bon sous tous les rapports, quand
il ne force pas notre volonté.* Nous sommes alors poussés
vers lui, non par nature, mais par libre élection ; nous
le choisissons comme moyen pour arriver à un but
déterminé. Dieu, par exemple, forcerait infailliblement
notre amour, s'il se montrait à nous tel qu'il est. Mais
il ne se présente point ici-bas immédiatement et évidemment comme bien infini. Voilà pourquoi tant
d'hommes lui refusent leur cœur et lui préfèrent les
biens présents. Les choses ne nous frappent pas en
raison de ce qu'*elles sont* en réalité, mais en raison de
la manière dont *elles se présentent* à notre regard faible
et souvent trompé.

3° Par là même qu'ils sont particuliers, ces biens et
ces affections qui se présentent au regard de notre
liberté sont de différentes sortes et de divers degrés.

Écoutons saint François de Sales. Ses idées sur ce
point sont aussi justes et aussi utiles que la vieille
langue dont il se sert, est attrayante et pittoresque.

« Ces affections que nous sentons en nostre partie raisonnable, dit-il, sont plus ou moins nobles et spirituelles,
selon qu'elles ont leurs objects plus ou moins relevez, et
qu'elles se trouvent en un degré plus éminent de l'esprit.
Car il y a des affections en nous qui procèdent du discours [1]
que nous faisons, selon l'expérience des sens ; il y en a
d'autres formées sur le discours tiré de sciences humaines ;
il y en a encore d'autres qui proviennent des discours
faicts selon la foy ; et enfin il y en a qui ont leur origine
du simple sentiment et acquiescement que l'âme fait à la
vérité et la volonté de Dieu. Les premières sont nommées

---

1. Raisonnement, en latin *discursus.* On disait au XVIᵉ siècle :
homme de bon discours, pour signifier : homme sensé.

affections naturelles : car qui est celuy qui ne desire naturellement d'avoir la santé, les provisions requises au vestir et à la nourriture, les douces et agréables conversations? Les secondes affections sont nommées *raisonnables*, d'autant qu'elles sont toutes appuyées sur la cognoissance spirituelle de la raison, par laquelle nostre volonté est excitée à rechercher la tranquillité du cœur, les vertus morales, le vray honneur, la contemplation philosophique des choses éternelles. Les affections du troisième rang se nomment *chrestiennes*, parce qu'elles prennent leur naissance des discours tirez de la doctrine de Nostre-Seigneur, qui nous fait cherir la pauvreté volontaire, la chasteté parfaite, la gloire du paradis. Mais les affections du supresme degré sont nommées *divines et surnaturelles*, parce que Dieu luy-mesme les respand en nos esprits, et qu'elles regardent et tendent en Dieu, sans l'entremise d'aucun discours, ny d'aucune lumière naturelle, selon qu'il est aisé de concevoir, par ce que nous dirons cy-après des acquiescemens et sentimens qui se practiquent au sanctuaire de l'âme. Et ces affections surnaturelles sont principalement trois, l'amour de l'esprit envers les beautés des mystères de la foy, l'amour envers l'utilité des biens qui nous sont promis en l'autre vie, et l'amour envers la souveraine bonté de la très saincte et éternelle divinité. » [1]

4° La volonté libre a une grande puissance sur *l'âme tout entière*. C'est elle, en effet, qui donne la direction suprême aux autres facultés et qui fait qu'elles s'appliquent avec plus de force à leurs objets propres. Le Créateur qui a mis un ordre admirable dans l'univers et dans le corps humain, ce petit monde, ne peut pas ne pas avoir ordonné plus admirablement encore les facultés de l'âme.

« Dieu a tout rangé à la monarchie, dit saint François de Sales. Parmy l'innumerable multitude et variété d'actions, mouvemens, sentimens, inclinations, habitudes, passions, facultez et puissances, qui sont en l'homme, Dieu a establi une naturelle monarchie en la volonté, qui commande et

---

1. S. François de Sales, *Traité de l'amour de Dieu*, l. I, ch. IV.

domine sur tout ce qui se treuve en ce petit monde; et
semble que Dieu ayt dit à la volonté ce que Pharaon dit
à Joseph : Tu seras sur ma maison; tout le peuple obéira
au commandement de ta bouche; sans ton commandement, nul ne remuera. Mais cette domination de la volonté
se pratique certes fort différemment. » [1]

Et pourquoi la volonté domine-t-elle ainsi sur
toutes les puissances? C'est en tant qu'elle est libre
et qu'elle peut les diriger selon ses désirs en tel ou
tel sens.

5° Si nous considérons en particulier l'*intelligence*,
on ne peut pas nier l'influence que peut avoir sur elle
la volonté libre. C'est elle qui applique l'attention de
l'esprit à tel ou tel objet, la théologie ou la physique.
C'est elle qui, non seulement pousse à comprendre les
raisonnements, mais encore les fait retenir dans le
trésor de la mémoire intellectuelle. Il est d'ailleurs
d'expérience que nous appliquons plus volontiers
l'effort de notre esprit aux choses que notre volonté
préfère.

« Elle est, dit le même saint, comme le père de famille
qui conduit sa femme, ses enfans et ses serviteurs, par
ses ordonnances et commandemens, auxquels ils sont
obligez d'obeïr, bien qu'ils puissent ne le faire pas. » [2]

« Ouy mesme, la volonté a du pouvoir sur l'entendement et sur la mémoire : car de plusieurs choses que l'entendement peut entendre, ou desquelles la mémoire se peut
ressouvenir, la volonté détermine celles auxquelles elle
veut que ses facultez s'appliquent, ou desquelles elle veut
qu'elles se divertissent. Il est vrai qu'elle ne les peut pas
manier, ny ranger si absolument, comme elle fait les
mains, les pieds, ou la langue, à raison des facultez sensitives, et notamment de la fantaisie (imagination), qui
n'obeïssent pas d'une obeïssance prompte et infaillible à

1. *Traité de l'amour de Dieu*, l. I, ch. I.
2. *Ibid.*, l. I, ch. II.

la volonté ; et desquelles puissances sensitives la mémoire
et l'entendement ont besoin pour opérer : mais toutesfois
la volonté les remue, les employe et applique selon qu'il
luy plaist, bien que non pas si fermement et invariable-
ment, que la fantaisie variante et volage ne les divertisse
maintes fois, les distraïant ailleurs. » [1]

Elle gouverne donc, non par force, mais par autorité. Nous dirons même que la volonté est, à un
certain point de vue, plus noble que l'intelligence.
Quand, par exemple, nous appliquons notre volonté à Dieu, considéré en lui-même, cet acte d'a-
mour est plus noble que l'acte d'intelligence qui se
borne à le saisir spirituellement et à se faire une
image bien imparfaite de la divinité. D'ailleurs, l'acte
d'amour suppose et complète l'acte intellectuel, car
on ne peut s'attacher à ce que l'on n'a pas préala-
blement saisi au moins d'une certaine manière. La
volonté poursuit le bien, non pas en aveugle, mais
en vertu d'une connaissance précédemment acquise.

6° S'il s'agit des *facultés sensitives*, la volonté libre
ne les gouverne pas de la même façon que les actes
d'intelligence. Elle leur commande par la force,
comme une reine dirige ses esclaves. Nous en avons
déjà dit un mot (p. 66), mais il faut revenir sur ce
sujet qui est essentiel dans la pratique de la vie chrétienne. Ici encore nous ne pouvons suivre un meilleur
maître que saint François de Sales :

« Sur tout ce peuple des passions sensuelles, dit-il, la
volonté tient son empire, rejettant leurs suggestions,
repoussant leurs attaques, empeschant leurs effects, et au
fin moins, leur refusant fortement son consentement, sans
lequel elles ne peuvent l'endommager et par le refus
duquel elles demeurent convaincües, voire mesme à la

1. *Traité de l'amour de Dieu*, l. I, ch. II.

longue, abattues, allangouries, efflanquées, reprimées, et sinon du tout mortes, au moins amorties ou mortifiées.

« Et c'est afin d'exercer ses volontez en la vertu et vaillance spirituelle, que cette multitude de passions est laissée en nos âmes, Théotime. » [1]

§ IV. — De la liberté morale.

L'homme est naturellement soumis à des lois qui lui sont imposées, soit par Dieu, soit par l'Église, soit par la société civile. Il a le devoir d'obéir à ces lois. Or, nous appelons *liberté morale* le pouvoir de faire telle ou telle chose permise et de se mouvoir à son gré, dans les limites de la loi et du bien. Cette liberté ne peut s'appliquer à un objet moralement mauvais, attendu que la faculté morale de mal faire répugne dans les termes. Le mal est un désordre immoral, et personne ne saurait avoir le droit de poser un acte contraire à la loi morale régulatrice de l'ordre. [2]

Prenons un exemple pour mieux indiquer la différence entre la *liberté naturelle* et la *liberté morale*.

Saint Jean Gualbert pardonne au meurtrier de son frère, quand les circonstances lui offrent une occasion favorable pour se venger. Il agit selon la *liberté morale*. Si, au contraire, il avait transpercé l'assassin d'un coup d'épée, il aurait agi selon la *liberté naturelle* et contrairement à la *liberté morale* et au cinquième commandement, qui défend l'homicide. Le saint en avait le *pouvoir*, puisqu'il était libre, mais il n'aurait su en avoir le *droit*, puisqu'il y a un précepte contraire. Il aurait posé un acte mauvais, en obéissant à sa nature passionnée contre le droit ou la loi.

En un mot, quand il s'agit de la *liberté physique*, on

1. *Traité de l'amour de Dieu*, l. I, ch. III.
2. Mgr Sauvé, *Questions religieuses et sociales*, p. 5.

répond à cette question : Y a-t-il un empêchement naturel, intérieur ou extérieur, qui vient contrecarrer ma liberté d'action? Au contraire, quand on parle de *liberté morale*, on se pose cette demande : Y a-t-il une loi qui vient m'empêcher de poser tel ou tel acte?

Les divers actes qu'on peut examiner par rapport à la volonté libre sont :

1° **Irréfléchis** ou **délibérés.** Les premiers sont ceux qui échappent à toute délibération et qui par conséquent ne sauraient engendrer aucune responsabilité morale. Les seconds sont produits avec réflexion et liberté, et ils engagent la responsabilité personnelle. La théologie appelle parfois ces actes irréfléchis *actes de l'homme*, et elle réserve pour les actions délibérées le nom d'*actes humains.*

2° **Nécessaires** ou **libres.** Il y a certains actes que la volonté ne peut se dispenser de produire. Ainsi, par exemple, nous nous aimons nécessairement nous-mêmes, car notre nature nous entraîne invinciblement à cet amour. Au contraire, d'autres actes sont libres, car la volonté, en les produisant, garde le pouvoir de s'en abstenir. Ainsi, quand un chrétien pardonne une injure, il fait un acte libre, imputable et méritoire.

I. — Au point de vue individuel, la *liberté morale n'est donc pas autre chose que la faculté de choisir entre les moyens qui conduisent à un but déterminé, quand cette fin nous est indiquée par la loi et par la conscience.*

L'individu qui jouit de cette liberté peut, en fait, se soumettre ou refuser d'obéir à leurs prescriptions. Néanmoins tout homme est obligé de respecter le pouvoir et de s'incliner devant les lois justes.

Certainement il a le pouvoir de désobéir *en fait*, parce qu'il a la liberté naturelle ; mais il ne saurait le faire *en droit*, car ce serait agir contre la liberté morale.

Au point de vue social, la vraie liberté consiste en ce que chacun puisse vivre selon la droite raison et selon les lois qui régissent la société. C'est ainsi que l'Église a toujours entendu cette grande notion philosophique. C'est ainsi qu'elle sauvegarde tout à la fois l'autorité majestueuse du commandement et la dignité religieuse de l'obéissance. Quand une puissance légitime donne des ordres, elle tient la place de Dieu ; lorsque nous nous soumettons, c'est devant Dieu que nous nous inclinons ; quand nous résistons au pouvoir, nous résistons, dit saint Paul, à l'ordre établi par Dieu. [1]

II. — Toutes ces idées deviennent plus claires si nous considérons ce que n'est pas la liberté.

1° *a*) **Dans l'ordre individuel,** *elle ne saurait être l'exemption de toute loi,* comme l'ont rêvé et le rêvent encore aujourd'hui beaucoup de révoltés et de révolutionnaires. Puisque la loi est une ordonnance de la raison, ce serait en effet réclamer pour l'homme le droit naturel de vivre contrairement à la raison.

b) La liberté ne *consiste pas essentiellement non plus dans la faculté de pouvoir choisir entre le bien et le mal.* « Vouloir le péché, dit saint Thomas, n'est pas la liberté ni une partie de la liberté, quoique cela puisse en être une preuve extérieure. »

Léon XIII, suivant la doctrine de l'angélique Maître, expose à son tour la même pensée :

« Comme chacune de nos deux facultés, dit-il, ne pos-

1. *Rom.* XIII, 2.

sède point la perfection absolue, il peut arriver, et il arrive souvent que l'intelligence propose à la volonté un objet qui, au lieu d'une bonté réelle, n'a que l'apparence et l'ombre du bien, et que la volonté pourtant s'y applique. Mais, de même que pouvoir se tromper et se tromper réellement est un défaut qui accuse l'absence de la perfection intégrale dans l'intelligence, ainsi s'attacher à un bien faux et trompeur, tout en étant l'indice du libre arbitre, comme la maladie l'est de la vie, constitue néanmoins une défaillance de la liberté. Pareillement la volonté, par le seul fait qu'elle dépend de la raison, dès qu'elle désire un objet qui s'écarte de la droite raison, tombe dans un vice radical qui n'est que la corruption et l'abus de la liberté. » [1]

Au contraire « le libre arbitre sera d'autant plus fort qu'il pourra moins pécher. » [2] Voilà pourquoi Dieu, la perfection infinie, qui, étant souverainement intelligent et la bonté par essence, est aussi souverainement libre, ne peut pourtant en aucune façon vouloir le mal moral. Il en est de même pour les bienheureux du ciel, grâce à l'intuition qu'ils ont du souverain Bien.

En effet, la liberté de marcher ne consiste pas précisément dans la possibilité de tomber, et l'on ne saurait dire que, parce que le Créateur est souverainement impuissant à choisir le mal, il est par cela même infiniment esclave. Comme l'affirme la sainte théologie, la liberté existe en cette vie, mais elle est plus parfaite encore en l'autre. Ecoutons encore saint Augustin : « Dieu, dit-il, a donné aux hommes sur la terre une nature qui *peut ne pas pécher*, tandis qu'il a accordé aux anges bienheureux une nature qui *ne peut pas pécher*. » Faire le mal est donc une défaillance de la

---

1. Encyclique *Libertas præstantissimum*, 20 juin 1888.
2. S. Augustin, Ep. CLVII, 8. — Cf. A. Toupet, *Essai sur le catholicisme*, t. I, p. 234.

liberté, et non pas un élément essentiel que réclame de toute nécessité le développement parfait de notre libre arbitre. [1]

c) Nous affirmons enfin, contre les Jansénistes, que la liberté *ne consiste pas dans cet équilibre de la volonté suspendue entre le bien et le mal, comme le fléau d'une balance, avec la faculté égale d'opter pour l'un ou pour l'autre.* Il faudrait alors accepter cette conséquence que, plus l'homme est parfait, moins il est libre. Car plus il se perfectionne par la victoire sur ses vices, plus il diminue en lui la faculté de choisir le mal, en agrandissant proportionnellement la faculté de choisir le bien. [2]

De plus, une expérience de tous les jours nous montre que nous ne sommes pas obligés d'opter pour le parti qui a pour lui plus de raisons. Nous préférons parfois celui qui est moins raisonnable, mais plus agréable. Donc, nous jouissons encore de notre libre arbitre même quand le fléau de la balance n'est plus en équilibre.

2° Au point de vue social, bien des erreurs se sont glissées dans le monde sous le couvert de la liberté, « ce nom le plus agréable et le plus doux, mais tout ensemble le plus décevant et le plus trompeur de tous ceux qui ont quelque usage dans la vie humaine, » dit Bossuet. [3] « Quand une fois on a trouvé le moyen de prendre la multitude par l'appât de la liberté, elle suit en aveugle, pourvu qu'elle en entende seulement le nom. » [4]

---

1. S. Thomas, 1ʳᵉ partie, q. LXII, a. 9, ad 3ᵐ ; — 2ᵉ 2ᵉ, q. LXXXVIII, a. 4, ad 1ᵐ.
2. Cf. P. Félix, *Conférences de 1859*.
3. *Sermon pour la Purification de la sainte Vierge*, 1ᵉʳ point.
4. *Oraison funèbre de Henriette de France*.

Toutes les erreurs sociales sur ce point se groupent sous la dénomination générique de *libéralisme*. C'est un mot, non seulement équivoque, mais menteur. En effet, le libéralisme n'est pas plus la doctrine de la liberté, que le rationalisme n'est la doctrine de la raison. *C'est une sorte de naturalisme dans l'ordre moral et civil, puisqu'il veut introduire dans les mœurs comme dans la pratique de la vie les principes posés par les fauteurs du naturalisme.*

Selon les libéraux absolus, *il n'est aucune puissance divine à laquelle on soit tenu d'obéir, mais chacun est à soi-même sa propre loi.* C'est de là que résulte pour chaque individu, cette morale qu'on appelle *indépendante;* c'est de cette erreur que naît, sous le rapport social, l'opinion que Dieu n'est pas la cause efficiente de la société et que, par suite, celle-ci n'a aucun devoir envers lui.

D'autres vont un peu moins loin, mais ne sont pas plus conséquents avec eux-mêmes. D'après eux, *les lois divines doivent régler la conduite des particuliers, mais non celle des Etats.* Il serait donc permis dans la vie publique de s'écarter des ordres de Dieu et de légiférer sans en tenir aucun compte. De là résulte, comme conséquence, le pernicieux principe de la séparation de l'Église et de l'État. [1] Mais il faut, et la nature même le crie, que la société donne aux citoyens les moyens et les facilités de passer leur vie selon l'honnêteté, c'est-à-dire selon les lois de Dieu, puisque Dieu est le principe de toute honnêteté et de toute justice. Comme le dit Bossuet, l'État doit assurer à l'Église et aux âmes « le libre passage pour aller à Dieu. » Il faut « qu'on lui laisse passer son chemin et

1. *Syllabus*, propp. LV et LVI. — Cf. Encyclique *Sapientia christianæ* au commencement (1890).

achever son voyage en paix. » [1] Il répugne donc, d'une façon absolue, que le gouvernement d'une nation puisse se désintéresser des lois divines ou même se révolter contre elles, de quelque manière que ce soit.

Par ces principes généraux, on comprend déjà pour quelles raisons le libéralisme est condamné, et pourquoi l'Église, en prémunissant ses enfants contre cette erreur, sauve réellement la liberté. Les paroles du Pape sont d'autant plus opportunes que l'école libérale, aujourd'hui répandue partout, se montre plus audacieusement impie, et se vante plus ouvertement de tirer son caractère distinctif de son opposition à la foi catholique.

Mais il est nécessaire d'entrer dans le détail, et d'examiner, à la suite du souverain Pontife, de quelles manières principales les libéraux travaillent à la déchristianisation de la société.

a) La première de ces erreurs sociales est ce qu'on appelle la **liberté des cultes**. *Elle repose sur ce principe qu'il est loisible à chacun de professer telle religion qu'il lui plaît, ou même de n'en professer aucune.* [2]

« Quand on l'envisage au point de vue social, dit Léon XIII, cette sorte de liberté veut que l'État ne rende aucun culte à Dieu, ou n'autorise aucun culte public, que nulle religion ne soit préférée à l'autre, que toutes soient considérées comme ayant les mêmes droits, sans avoir égard au peuple, lors même que ce peuple fait profession de catholicisme. Mais, pour qu'il en fût ainsi, il faudrait que vraiment la communauté civile n'eût aucun devoir envers Dieu, ou qu'en ayant, elle pût impunément

---

1. *Panégyrique de saint Thomas de Cantorbéry*, 1er point.
2. *Syllabus*, prop. XV. — Cf. Mgr Sauvé, *Questions religieuses et sociales de notre temps*, 2e édit., p. 127. — Dr J. Didiot, *Principes de morale catholique*, *Morale sociale*, ch. III.

s'en affranchir, ce qui est également et manifestement faux. » [1]

La société, ainsi que l'individu, doit nécessairement reconnaître Dieu comme son principe et son auteur, et par conséquent rendre à sa puissance et à son autorité l'hommage de son culte. L'État ne peut être athée, et il a, comme tout homme, le pouvoir et le devoir de reconnaître la véritable religion, puisque celle-ci porte avec elle d'éclatants et incomparables signes de vérité. Sans doute, les gouvernements de ce monde n'ont pas d'autre fin prochaine que de conduire les citoyens à la prospérité de cette vie terrestre, mais ils ont en même temps pour devoir d'accroître pour eux la facilité d'atteindre à ce bien suprême dans lequel consiste l'éternelle félicité des hommes.

b) S'il s'agit de la **liberté de la parole et de la presse**, *qui est la faculté de tout dire en public et de tout écrire*, il faut qu'elle soit justement tempérée; sans cette condition, elle ne saurait être un droit, car il n'y a point de droit au mal. L'autorité publique a donc le devoir d'employer toute sa sollicitude pour propager le bien, et pour empêcher les doctrines mensongères de corrompre la société et de séduire surtout la jeunesse.

Sans doute, il y a des matières libres que Dieu a laissées aux disputes des hommes. Ayez telle opinion que vous voudrez en fait de politique, de commerce, d'industrie, en un mot dans tous les systèmes qui n'intéressent point la foi, la morale ou le bien public. Mais, si vous accordez à chacun la liberté illimitée de parler et d'écrire, rien ne demeurera sacré et in-

_____
[1]. Encyclique *Libertas*.

violable pour les malfaiteurs de la pensée, rien ne sera épargné, pas même ces vérités premières, ces grands principes naturels, que l'on doit considérer comme le noble patrimoine de l'humanité tout entière. L'histoire est là pour l'affirmer : tout ce que la licence y gagne, la liberté le perd.

Voilà pourquoi l'Eglise a, depuis des siècles, institué l'*Index*. Voilà pourquoi il n'est pas étonnant que ce faux dogme de 1789 [1] ait été appelé « un délire pernicieux et détestable » par Grégoire XVI, [2] qu'il ait été nommé « une liberté de perdition » par Pie IX, [3] et que Léon XIII vienne encore de le frapper d'anathème. [4]

Les gouvernements civils eux-mêmes doivent croire qu'il n'est pas plus permis de dire ou d'imprimer le mal que de le faire, et qu'on ne saurait avoir la liberté de répandre le poison. Le fait est l'expression de l'idée ; la parole, soit parlée, soit écrite, équivaut à une action, suivant l'adage consacré par la législation anglaise, la plus libérale de toutes : « Écrire, c'est agir. » [5]

c) Quant à ce qu'on appelle la **liberté d'enseignement**, *ou la faculté de tout enseigner, même les doctrines les plus subversives*, il n'en faut pas juger d'une façon différente. La vérité seule a le droit d'entrer dans les âmes, puisque c'est en elle que les natures intelligentes trouvent leur bien, leur fin, leur perfection. L'enseignement ne doit donc avoir pour objet que des choses vraies, et il doit s'opposer de toutes ses forces à l'envahissement des opinions fausses. Si quelqu'un

1. *Déclaration des droits de l'homme*, art. 11.
2. Encyclique *Mirari vos*, 15 août 1832.
3. Encyclique *Quanta cura*, 8 déc. 1864.
4. Encyclique *Libertas.* — Encyclique *Immortale Dei* (1er nov. 1885.)
5. Mgr Freppel, *Œuvres polémiques*, Discours du 17 février 1881.

s'arrogeait le droit de tout enseigner à sa guise, le pouvoir public serait obligé de l'empêcher, car la science deviendrait alors un instrument de corruption. Sans doute, l'objet de l'enseignement comprend des vérités naturelles et des vérités surnaturelles. Les premières constituent le commun patrimoine du genre humain; elles sont comme le solide fondement sur lequel reposent les mœurs, la justice, la religion, l'existence même de toute société. Ce serait dès lors la plus grande des impiétés, la plus inhumaine des folies que de les laisser impunément violer et détruire. Mais il ne faut pas mettre moins de scrupule à conserver les secondes, qui sont le grand et sacré trésor des vérités que Dieu lui-même nous a fait connaître.

L'Église, qui est la gardienne de ces vérités divines, a seule une doctrine infaillible à exposer et une mission céleste pour enseigner.

« Son divin magistère est loin de faire obstacle à l'amour du savoir et à l'avancement des sciences, ou de retarder en aucune manière le progrès de la civilisation. Il est au contraire, pour toutes ces choses, une très grande lumière et une sûre protection. Par une raison semblable, le perfectionnement même de la liberté humaine ne profite pas peu de son influence, selon cette maxime qui est du Sauveur Jésus-Christ, que l'homme devient libre par la vérité : *Vous connaîtrez la vérité, et la vérité vous rendra libres*.[1] Il n'y a donc point de motif pour que la vraie liberté s'indigne, ou que la véritable science s'irrite contre des lois justes et nécessaires, qui doivent régler les enseignements humains, ainsi que le réclament ensemble et l'Église et la raison. Il y a plus : comme bien des faits l'attestent, l'Église, tout en dirigeant principalement et spécialement son activité vers la défense de la foi chrétienne, s'applique aussi à favoriser l'amour et le progrès des sciences humaines. Car c'est quelque chose de bon en soi, de louable, de désirable, que les bonnes études; et, toute

1. *Jean*, VIII, 32.

science qui est le fruit d'une raison saine et qui répond à la réalité des choses, n'est pas d'une médiocre utilité pour éclairer même les vérités révélées. » [1]

On sait, en effet, quels grands services l'Eglise a rendus à la science, aux arts et à la civilisation dans les siècles passés. D'ailleurs un champ immense reste ouvert où l'activité humaine peut se donner carrière, où le génie peut s'exercer librement et où l'Eglise laisse aux savants toute la liberté de leurs recherches et de leur jugement.

d) Si l'on entend par **liberté de conscience** *que chacun peut indifféremment rendre ou ne pas rendre un culte à Dieu,* les arguments qui ont été donnés plus haut suffisent à réfuter cette erreur.

Au sein de la société, le vrai et le faux ne sauraient être mis sur le même rang ni avoir les mêmes droits. L'Église a protesté sans relâche contre une *tolérance* pleine de désordres et d'excès. « Au fond, dit de Maistre, ce beau mot de tolérance n'est que le synonyme honnête de celui d'indifférence. » [2]

Néanmoins, dans un pays où l'unité religieuse est déjà brisée, on peut tolérer civilement les cultes faux, quand ils ont un certain nombre d'adeptes, ne sont pas ouvertement immoraux et ne troublent pas la tranquillité publique.

Cette sorte de liberté de conscience n'a rien de commun avec la vraie liberté, qui consiste en ce que l'homme a dans l'État le droit de suivre, d'après sa conscience, la volonté de Dieu et d'accomplir ses préceptes sans que personne puisse l'en empêcher. Telle est cette liberté qui sauvegarde si glorieusement la

1. Encyclique *Libertas.*
2. *Opuscules,* II.

dignité de la personne humaine. C'est elle que les apôtres ont revendiquée avec tant de constance, que les apologistes ont défendue dans leurs écrits et que les martyrs ont consacrée de leur sang. C'est leur gloire immortelle d'avoir résisté ainsi au pouvoir despotique que s'arrogeaient les gouvernements humains.

Mais les partisans du *Libéralisme*, qui attribuent à l'État une puissance sans limites, ne reconnaissent point cette liberté dont nous parlons. Ils prétendent que tous les efforts faits pour la conserver sont déployés contre le pouvoir civil. S'ils disaient vrai, il n'y aurait pas de domination si tyrannique qu'on ne dût accepter et subir.

Telle est en substance la doctrine de l'école libérale, qui est tout à la fois une secte bien organisée et un parti politique très répandu. Quoique le système soit un, il offre cependant bien des nuances qu'il est difficile et qu'il serait trop long d'analyser en détail.

Un auteur espagnol divise spirituellement les libéraux en trois classes : « Le libéral exalté rugit son libéralisme, le libéral modéré le pérore, le libéral teinté le soupire et le gémit. » [1]

Les vrais catholiques doivent professer la plus grande horreur pour toutes ces doctrines qui se rapprochent de l'hérésie, quand elles ne l'atteignent point.

Ils n'ignorent pas que les premiers principes de ce *Libéralisme* trompeur sont contenus dans la fameuse *Déclaration des droits de l'homme*. Ils savent aussi que les principes qui éclaireront et sauveront la société, sont renfermés dans le *Syllabus* de Pie IX et dans les Encycliques de Léon XIII, qu'on peut appeler à juste titre la magnifique *Déclaration des droits de Dieu*.

---

1. Sarda y Salvany, *Le libéralisme est un péché*, ch. XVIII, p. 80.

§ V. — **Règles de la volonté**

I. — MORALE NATURELLE, SURNATURELLE

L'homme a été créé par Dieu pour une fin conforme à sa nature, c'est-à-dire pour arriver, comme récompense, à tout le bonheur qu'une âme intelligente et libre peut obtenir, après une existence passée dans l'observation des lois divines. Tel est le but de la vie que notre nature réclame, et auquel nous conduisent les moyens mis à notre disposition par le Créateur et indiqués par la morale.

De même que la logique gouverne notre esprit dans la découverte du *vrai*, de même aussi la morale naturelle dirige notre volonté dans la recherche et la pratique du *bien* naturel.

Mais, en supposant que Dieu ait voulu assigner à notre vie une fin plus sublime, il a dû mettre à notre disposition des moyens proportionnés et supérieurs. La philosophie doit admettre la possibilité de cette fin et de ces moyens surnaturels, dont la révélation chrétienne nous fait connaître l'existence. Celle-ci nous dit en effet que, dès le premier instant de la création, le Père Éternel a adopté Adam pour fils, en lui donnant la *grâce* sanctifiante. Bien plus, il lui a destiné, comme récompense, une *gloire* surnaturelle, qui est celle dont il jouit lui-même. D'après la théologie, la gloire est, de même que la grâce, la vie divine communiquée, et l'ordre de la gloire viendra un jour perfectionner celui de la grâce ; car, nous l'avons déjà dit, si la grâce est la gloire commencée, la gloire, à son tour, est la grâce achevée.

La miséricordieuse rédemption de l'homme par le Christ n'a fait que réparer et compléter l'harmonie de cet ordre divin, qui élève l'humanité au plus haut degré d'honneur.

Est-il permis à l'homme de dédaigner cet amour surnaturel dont il est l'objet et de rejeter les moyens que Dieu met à sa disposition pour atteindre sa fin supérieure? Non, sans doute. Cette erreur constituerait ce que l'Église a déjà plusieurs fois frappé d'anathème sous le nom de *naturalisme*. Le raisonnement de ceux qui admettent cette hérésie radicale est de tout point inadmissible. Écoutons la voix du souverain Pontife :

« Ces hommes, dit-il, n'admettent pas que l'homme libre doive se soumettre aux lois qu'il plairait à Dieu de nous imposer par une autre voie que la raison naturelle. Mais en cela ils sont absolument en désaccord avec eux-mêmes. Car, s'il faut obéir à la volonté de Dieu législateur, puisque l'homme tout entier dépend de Dieu et doit tendre vers Dieu, il en résulte que nul ne peut mettre des bornes ou des conditions à son autorité législative, sans se mettre en opposition avec l'obéissance due à Dieu. Bien plus, si la raison humaine s'arroge assez de prétention pour vouloir déterminer quels sont les droits du Créateur et ses devoirs à elle, le respect des lois célestes aura chez elle plus d'apparence que de réalité, et son jugement personnel vaudra plus que l'autorité et la providence divines. » [1]

En effet, lorsque le Tout-Puissant nous a assigné une vocation surnaturelle, il a fait un acte d'amour sans doute, mais aussi un acte d'autorité. Si l'argile n'a pas le droit de dire au potier : Pourquoi fais-tu de moi un vase d'ignominie? elle est infiniment moins autorisée à lui dire : Pourquoi fais-tu de moi un vase d'honneur? [2]

De plus, cette erreur méconnaît le véritable état de la nature humaine. La prétention qu'affiche le natura-

1. Encyclique *Libertas.*
2. *Rom.* IX, 20.

lisme de vivre de la raison seule sans participer à la vie surnaturelle, est une prétention chimérique et impossible. Depuis le péché de notre premier père, l'homme a été blessé dans sa nature; il est malade et dans son esprit et dans sa volonté ; son intelligence n'est pas capable de connaître toute la vérité, sa volonté ne pourrait pratiquer toute la morale même naturelle; son libre arbitre est affaibli et incliné vers le mal; en un mot, il ne saurait arriver à sa fin, s'il est abandonné à ses propres forces.

Continuant à nous placer au point de vue chrétien, demandons-nous quels résultats aurait produits l'Incarnation de Jésus-Christ, s'il nous était permis de ne pas en tenir compte?

« Pour racheter nos âmes, ce divin Sauveur a donné sa vie; pour les éclairer, il leur a laissé une doctrine; pour les sanctifier, un sacrifice, des sacrements, un sacerdoce; pour les régir, il a établi une Église, une hiérarchie... Or, quel est le thème du naturalisme? C'est qu'il est permis à chacun d'accepter ou de refuser sa part dans les lumières de l'Évangile et dans les mérites de la croix. Pour lui, Jésus-Christ n'a été ni un révélateur divin qu'on est tenu de croire, ni un législateur sérieux auquel on est tenu d'obéir, ni un rédempteur nécessaire sans lequel il n'y a pas de régénération et de salut. L'Évangile devient une théorie dont on peut faire impunément abstraction; la croix est l'enseigne d'une école à laquelle on peut s'affilier ou se soustraire à son gré. Or, que le Fils de Dieu ait été envoyé sur la terre, et que, dans la pratique de la vie, il puisse être considéré comme non avenu par ceux qu'il avait mission d'éclairer et de sauver, c'est là une supposition pleine d'injure pour la divinité, une assertion contre laquelle le bon sens réclame, une assertion que toutes les paroles de Jésus-Christ combattent, que toute la tradition chrétienne renverse. » [1]

1. Mgr Pie, *Première instruction synodale sur les principales erreurs du temps présent*, *Œuvres*, t. II, p. 385.

Les partisans du naturalisme se flattent d'arriver à une fin et à un bonheur purement naturels [1] et ils voudraient se contenter de ce but inférieur indigne d'une créature rachetée par Notre-Seigneur Jésus-Christ. Quelques-uns mêmes pensent que la philosophie humaine est supérieure à la foi, que « professer les vérités religieuses communes à toutes les diverses religions, c'est la religion la plus haute, la plus universelle ou la plus catholique, dans le sens étymologique du mot. » [2] En les voyant ainsi se vanter de renoncer à cette glorieuse extension de la raison qui s'appelle la foi, ne croirait-on pas entendre Nabuchodonosor tirant vanité d'avoir perdu la raison ? Mais tous se trompent. Pour n'avoir pas compris que Jésus-Christ les a élevés à un ordre supérieur, pour n'avoir pas voulu croire que noblesse oblige, ils manqueront le but surnaturel de leur existence de baptisés, et ils ne trouveront qu'un malheur éternel au lieu du bonheur naturel auquel ils se flattent de parvenir.

Cette morale surnaturelle ne nous dispense pas de la morale naturelle, parce que nous ne cessons pas d'être des hommes en devenant des chrétiens. Toutes les deux s'imposent donc à nous, et forment ensemble une morale révélée, dont les lois naturelles sont la base, et dont les lois surnaturelles nous apparaissent comme le magnifique couronnement. Par les unes, notre morale touche à la terre ; par les autres, elle s'élève jusqu'au ciel. [3]

1. Cf. Jules Simon, *La Religion naturelle ;* — Victor Cousin, *Du vrai, du beau et du bien.*
2. Ad. Garnier, *Morale sociale,* 1850.
3. Dr Didio, *Principes de morale catholique, Introduction,* p. 8.

II. — RÈGLES DE LA MORALE

Loi. — Pour arriver à la fin qu'il nous destine, Dieu nous a donné deux règles qui doivent diriger notre volonté. La première est extérieure et éloignée, elle s'appelle la loi ; la seconde est intérieure et immédiate, elle se nomme la conscience.

Le mot loi vient du latin *ligare* qui signifie lier, parce qu'elle enchaîne pour ainsi dire les volontés de ceux qui lui sont soumis. Saint Thomas la définit ainsi : « *Une ordonnance de la raison qui tend au bien commun et qui est promulguée par le chef de la communauté.* » [1] Nous voyons dans cette définition :

1° L'*origine de la loi*. C'est la volonté qui tend vers un but et qui dirige les actes humains dans les chemins qui y conduisent.

2° La *fin de la loi*. C'est le bien commun. Elle se distingue ainsi du simple commandement qui s'adresse, non pas à toute une société qui a une fin commune, mais à chacun en particulier.

Toute loi qui ne serait pas faite pour le bien commun serait injuste et n'obligerait pas. [2] La justice doit être comme l'âme du précepte. Par exemple, les décrets qui forcent aujourd'hui certains parents à mettre leurs enfants dans les écoles impies sont *légaux* peut-être, mais ne sauraient jamais être *légitimes*.

3° L'*auteur de la loi*. C'est le chef de la communauté qui doit diriger le corps social vers son but, comme le pilote gouverne son navire vers le port.

1. *Somme théol.*, 1re 2e, q. xl., a. 1. — Cf. Dr Didiot. p. 29.
2. Cf. S. Thomas, *Somme théol.*, 1re 2e, q. xc et suiv.

4° Les *conditions de la loi*. Il est nécessaire qu'elle soit promulguée, parce que le sujet ne saurait obéir à une loi qu'il ne connaît pas suffisamment. Il n'est lié qu'autant que le législateur a manifesté clairement sa volonté.

Si nous considérons la loi dans son sens le plus général, elle se divise en loi *éternelle* et lois *temporelles*. La loi éternelle est le type commun et la base nécessaire de tous les préceptes qui sont donnés dans le temps. Elle n'est autre chose que la raison divine elle-même qui conduit toutes choses à leur fin. Les lois temporelles sont celles qui sont faites dans le temps et qui ne sauraient durer toujours.

La loi est en outre **naturelle** ou **positive**. La loi naturelle n'est pas autre que la loi éternelle. Seulement, nous considérons la première en nous-mêmes, tandis que nous contemplons la seconde en Dieu. La loi positive est *celle qui a pour objet des choses indifférentes en elles-mêmes et qui est fondée sur la libre volonté de Dieu ou des hommes.*

Si nous examinons l'auteur de la loi, nous distinguons la loi **divine** et la loi **humaine**.

La loi humaine à son tour est **ecclésiastique** ou **civile**.

Nous n'avons pas l'intention d'entrer dans le détail, et d'expliquer davantage la nature, la force obligatoire, les conditions et les sanctions de ces diverses sortes de lois. Tous les traités d'instruction religieuse et de droit naturel en parlent surabondamment. Contentons-nous de dire que plus l'auteur de la loi est élevé, plus grande est l'autorité du commandement qui émane de lui. Aucune loi humaine ne saurait prévaloir contre les préceptes de la loi naturelle ou divine, car le droit humain n'est qu'une chimère, s'il n'est une réverbération, dans l'ordre civil, des rayons projetés par le droit naturel et le droit positif divin. « La volonté suprême, dit Dante, est le souverain bien par essence et n'a jamais changé. Rien n'est juste que ce qui s'accorde avec elle. » [1] Donc, ceux qui sont les défenseurs nés de la loi divine ou humaine ne peuvent point la faire céder au gré de la volonté des princes, ou du caprice des multitudes. Qu'ils rendent des arrêts, et non pas des services, et que leur conscience soit le sanctuaire et l'asile inviolable de toute justice!

Un poète moderne l'a dit, en faisant parler un juge d'Israël menacé par des sujets révoltés :

La loi qui s'effraierait ne serait plus la loi,
Vous pouvez l'arracher de ma main impuissante,
La faire taire avec ma voix agonisante,
La noyer dans mon sang, la lapider en moi :
Mais eussiez-vous commis l'acte que je prévoi,
Qu'auront détruit vos coups? qu'auront brisé vos pierres?
Les lois pour qui l'on meurt revivent tout entières!
L'humanité se lève en les reconnaissant,
Le bien reste éternel, le crime est un passant.

Conscience. — Nous n'insisterons pas non plus sur la règle intérieure qui est la conscience et que nous avons déjà étudiée (p. 95).

Nous ferons simplement remarquer l'importance de la diriger d'une façon droite et de ne pas la laisser se corrompre par des règles incomplètes ou erronées. Un chrétien doit savoir la rectifier quelquefois par l'étude, la prière ou la méditation. Dans les cas difficiles, il voudra recourir au conseil de personnes plus instruites. Quand il ne le pourra pas, il la for-

---

1. *Paradis*, chant XIX.

mera avec l'aide de certains principes réflexes dont la morale reconnaît la légitimité et dont la pratique démontre l'utilité. En voici quelques exemples : *Dans le doute, la présomption est pour le supérieur;* donc, en ce cas, il faut préférer le jugement du supérieur au sien propre. *Une loi douteuse n'oblige pas. La condition du possesseur est la meilleure,* quand on vient à douter de la légitimité d'une possession, etc. Dans ces conditions, la conscience est véritablement pour nous la voix de Dieu, la règle pratique de notre vie, et, comme le dit saint Thomas, « le pédagogue de l'âme ».

§ VI. — Habitude

On ne saurait traiter de psychologie et de morale sans parler de l'habitude. Elle est définie : *Une constante inclination à reproduire des actes semblables.* Cette inclination se surajoute à la faculté naturelle et elle produit la facilité et le plaisir dans l'action.

Nous n'étudions pas ici les habitudes qui ont leur siège dans le corps, comme la santé, la beauté, ou qui sont purement sensitives, et qui parfois nous disposent au bon usage de la mémoire et de l'imagination. Il ne s'agit pas non plus des habitudes surnaturelles et infuses, comme la grâce sanctifiante et les vertus théologales. *Celles-ci, infiniment supérieures à toute la nature, donnent aux puissances de l'âme le pouvoir d'agir sous l'influence d'un principe surnaturel pour arriver à une fin de même ordre.*

Nous parlons donc simplement des habitudes naturelles et acquises, qui se forment par la répétition des mêmes actes et qui deviennent chez nous comme une seconde nature. La science est une habitude de l'intelligence, comme la justice est une habitude de la volonté. Elles se distinguent entre elles, non seulement d'après leurs principes, mais aussi selon leur nature et leur objet.

Tout le monde comprend combien l'habitude vient en aide à nos bonnes qualités, et combien, par contre, elle donne de force aux mauvaises. Pour le bien comme pour le mal, c'est elle qui trace à l'homme sa voie, et qui lui crée de grandes difficultés quand il veut en sortir.

> Certain âge accompli,
> Le vase est imbibé, l'étoffe a pris son pli, [1]

dit La Fontaine. Ainsi que l'a déclaré l'Écriture : « L'adolescent suivra sa voie; et lorsqu'il sera vieillard, il ne la quittera pas. » [2]

L'habitude s'augmente par tout acte fait avec énergie dans le sens donné. Elle s'affaiblit et se perd, soit par les empêchements opposés à la disposition naturelle, soit par une longue cessation des actes qui l'ont formée, ou par la production d'actes contraires.

Rien n'est plus important que d'acquérir, pendant la jeunesse surtout, l'habitude d'obéir à la loi, de se faire une conscience délicate, et d'accomplir le devoir coûte que coûte. On acquiert par là, sans s'en douter pour ainsi dire, une multitude de mérites; car les vertus qui nous ont coûté d'abord les plus durs sacrifices, nous deviennent ensuite faciles, et Dieu nous tient compte du moindre effort accompli pour sa gloire et pour notre sanctification.

1. *Fables*, l. II, 18.
2. *Prov.* xx, 6.

APPENDICE

~~~~~~

DU BEAU

ET DE SES MANIFESTATIONS DIVERSES

La beauté est aussi facile à saisir que difficile à définir. Tous les hommes sont frappés par elle, et pourtant, si vous leur demandez raison de leur admiration, tous vous donneront une réponse différente qui ne satisfera point votre esprit. « Je sais bien ce qui est beau, dit Socrate, mais je demande ce que c'est que le beau. » [1]

Nous voudrions donner sur ce point quelques idées justes qui rentreraient dans le cadre de notre cours et compléteraient les doctrines que nous avons enseignées dans ce traité.

I

D'après les philosophes anciens, *le beau est ce qui plaît à voir.* [2] Or, nous l'avons exposé, il y a plusieurs façons de percevoir les objets. On les saisit d'une manière *sensible* par le regard, d'une manière *intellectuelle* par l'esprit, puis, par la foi, d'une manière *surnaturelle.* Il y a autant de sortes de beautés qu'il y a de façons de percevoir et d'objets différemment perçus. Le goût considéré matériellement n'est frappé

1. Platon, *Le grand Hippias.*
2. S. Thomas, *Somme théol.* q. v, a. 4, ad 1um.

que par les objets sensibles; le goût spirituel saisit
l'objet intelligible; le goût chrétien est ému par la
beauté surnaturelle.

§ I

De même que les idées nous viennent par la contemplation des objets corporels, de même l'art ne se
conçoit guère sans une certaine représentation des
éléments physiques et tombant sous les sens. La
contemplation et la reproduction de l'objet sensible
doivent être partout à la base des beaux-arts, mais
elles sont partout dépassées. La peinture et la sculpture cherchent à représenter la nature d'une façon
exacte et complète; l'on ne saurait être un artiste
éminent, si l'on était incapable de copier exactement
ce qui frappe la vue. Il faut reproduire la nature,
mais l'*imitation* ne suffit pas; il est nécessaire de
savoir y ajouter une *interprétation élevée* pour atteindre
à la vraie beauté. Voilà pourquoi nous ne saurions
admettre les prétentions des romantiques dans la
littérature, des *réalistes* ou *impressionnistes* dans la
peinture, qui se bornent simplement à copier les
scènes ou les objets, à calquer la nature telle qu'ils
la voient ou telle qu'ils la croient voir, qui essaient
seulement de la faire revivre et respirer pour ainsi
dire. Ils n'aspirent à aucun idéal supérieur et
déclarent qu'ils ne songent pas à s'élever plus haut
ou à s'élancer plus loin. Sans doute, ils éviteront parfois le laid et le ridicule; ils sauront peut-être rencontrer dans leurs conceptions l'harmonie, la proportion, la convenance, l'unité dans la variété. Leurs
ouvrages ne nous repousseront pas et n'amèneront
point sur nos lèvres un sourire moqueur. Mais ils
n'arriveront pas non plus à idéaliser les objets et à

les rendre **vraiment** dignes d'admiration. Une œuvre d'art sans idéal, c'est un paysage sans ciel. Ces artistes font de *l'art pour l'art*, comme on dit aujourd'hui, [1] et leur manière est trop païenne pour être digne de notre civilisation tout imprégnée de christianisme.

« D'après eux, dit Cousin, le beau idéal de la peinture est un trompe-l'œil, et son chef-d'œuvre sont les raisins de Zeuxis que les oiseaux venaient becqueter. Le comble de l'art pour une pièce de théâtre serait de vous persuader que vous êtes en présence de la réalité. » [2]

La peinture cesserait donc d'exister, d'après leur théorie, le jour où l'on aurait découvert le moyen de rendre les couleurs par la photographie. Ces artistes sont les partisans, inconscients peut-être, d'un art de décadence dans la littérature, dans les tableaux, dans les statues, dans les harmonies et jusque dans les édifices. « Trop souvent même ils imaginent dans l'odieux, marivaudent dans l'immonde et vont dans cette voie plus loin que le dégoût, » comme on a pu justement le leur reprocher. [3]

Pour eux, point d'idéal, point d'*au delà;* tout se borne à la poursuite d'un beau incomplet et inférieur, à un art ou plutôt à un métier de copiste plus ou moins habile, ou de vulgarisateur plus ou moins heureux. Le réalisme est la lèpre de l'art; c'est l'épidémie de la littérature au xixe siècle. [4]

§ II

L'artiste véritablement intelligent des choses de l'art a une idée bien plus élevée de sa vocation. Il

1. Cf. R. P. Félix, *Conférences de 1867.*
2. *Du vrai, du beau, du bien,* huitième leçon. Dans ce livre, les pages consacrées à l'art sont presque les seules qui ne soient point fausses et dangereuses.
3. Pailleron, *Discours de réception à l'Académie.*
4. P. Félix, *ibid.* p. 211.

comprend que son rôle est d'abord d'idéaliser les choses matérielles, puis de symboliser les choses spirituelles.

a) Les réalités de la terre sont rarement magnifiques de tout point ; trop souvent elles se manifestent à nous avec des défauts sensibles, avec des imperfections évidentes. L'artiste ne saurait prendre plaisir à les photographier servilement ; au contraire, il cherche à transfigurer ces réalités parfois triviales et à leur faire exprimer un sentiment profond et vrai. Il ne supprime pas le réel, mais il s'appuie sur lui ; il ne copie pas, il traduit. Son travail est une élimination des défauts physiques, un embellissement, une purification et une sorte de rédemption de la matière. Le peintre, par exemple, ne se borne pas seulement à calquer un paysage tel qu'il est; il en supprime les imperfections, il y ajoute certains traits qu'il a vus ailleurs ou qu'il trouve dans son imagination *et il cherche à reproduire ainsi, non pas ce qui existe réellement, mais le type supérieur qu'il a dans son esprit, c'est-à-dire l'*idéal. *L'art n'est que l'expression de la beauté idéale sous une forme créée,* [1] *et l'artiste est vraiment créateur.*

Même le peintre de portrait doit s'efforcer de faire transparaître le caractère intelligent et moral de son sujet, à travers les traits qui constituent son caractère physique.

C'est ainsi que l'on a toujours compris les vrais maîtres. Raphaël disait : « Comme je manque de beaux modèles, je me sers d'un certain idéal que je me forme. » [2]

---

1. P. Félix, *Conférences de* 1867, p. 6. — Cf. A. Toupet, *Essai sur le catholicisme*, t. II, p. 431.

2. *Lettre à Castiglione.*

Lamartine se demandait ce qu'est la poésie et répondait ainsi :

> Les cieux l'appellent grâce et les hommes génie ;
> C'est un souffle affaibli des bardes d'Israël ;
> Un écho dans mon sein, qui change en harmonie
> Le retentissement de ce monde mortel. [1]

Cet écho plus beau que la réalité, la plupart l'entendent, mais l'artiste seul sait le reproduire. Il se crée, au-dessus de toute forme sensible et de tout être visible, un idéal sublime, il tâche de dégager cette lumière des ténèbres matérielles et retrouver dans ces pâles images quelque chose de la splendeur des exemplaires éternels. Sa gloire est de tendre toujours à ce but supérieur, sa douleur est de ne pouvoir jamais l'atteindre et de rester bien loin du type immortel que son imagination lui avait fait entrevoir. C'est là ce qu'on a pu appeler une délicieuse source de tourments.

b) De plus, *l'artiste doit chercher à symboliser habilement les choses spirituelles*. Les artistes de l'antiquité excellaient à représenter les grandes forces de la nature, la mer, les vents, le soleil et la lune. La Grèce superstitieuse et poétique se prosterna devant ces formes magnifiques et crut qu'un rayon de la divinité résidait dans ces statues. Dans un autre genre, le *Laocoon*, qu'on admire aujourd'hui au Vatican, exprime éloquemment la douleur, et Michel-Ange le nommait le miracle de l'art antique.

Pendant la période de la Renaissance, le Guide peignit le *Triomphe de l'aurore*, Raphaël la *Philosophie*

---

1. *Harmonies poétiques et religieuses*, I.

et la *Théologie*, la *Poésie* et la *Justice*, et Rubens fut
l'auteur inspiré de cent sujets allégoriques.

Dans notre siècle, Rude a représenté l'exaltation
furieuse de la période révolutionnaire dans les bas-
reliefs de l'Arc de Triomphe, et Prudhon a peint au
Louvre la *Justice et la Vengeance divine poursuivant le
Crime*.

Géricault a voulu montrer en deux tableaux la
grandeur et la décadence militaire du premier Empire.
Dans le premier sujet, il peint son *Chasseur à cheval de
la garde* (1812). C'est la fougue impétueuse et vaillante du soldat qui vole à la victoire. Dans le second,
il représente le *Cuirassier blessé* (1813). C'est l'enthousiasme qui tombe, c'est la retraite de Russie et la
défection des alliés, c'est la tristesse des revers gran-
dioses, c'est ce temps où « les aigles de l'Empire
s'étonnent de ne plus ramasser dans leurs serres
puissantes que des victoires blessées à mort. »[1] Ces
deux compositions sont deux poèmes, l'un glorieux,
l'autre triste, mais tous deux pleins de vie et de vérité.

Voilà la perfection pour l'artiste qui répudie les
théories naturalistes de l'*art pour l'art* et qui se sert
de son talent au profit du vrai et du bien.

C'est pour la vérité que Dieu fit le génie.

§ III

L'artiste chrétien apporte dans ses ouvrages des
préoccupations plus élevées encore Il considère la
beauté de la nature comme amollissante et la beauté
de la chair comme dangereuse. Ainsi son type à lui
est d'un genre à part ; il est idéal, sans doute, mais il

---

1. Lacordaire, *Oraison funèbre de Mgr de Forbin Janson*.

est aussi mortifié. Considérez les sculptures des ca-
thédrales de Reims, de Strasbourg et d'Amiens, les
peintures de Fra Angelico, de Giotto et de tous ceux
qu'on appelle les *primitifs*, écoutez la musique de Pa-
lestrina ou les mélodies du plain-chant, ce sont des
compositions qui s'élèvent au-dessus des conceptions
des artistes ordinaires. Les chefs-d'œuvre de l'art
catholique, égaux sinon supérieurs aux chefs-
d'œuvre de l'art grec, diffèrent de genre, de forme,
d'attitude et d'expression. Les plus grands lyriques
chrétiens n'ont point la même allure que Pindare et
qu'Horace. Les vierges du moyen âge, ces figures
pures et translucides qui paraissent ne toucher la
terre que pour s'en élancer, ne ressemblent point aux
types qui se rencontrent sous les pinceaux d'aujour-
d'hui, et les musiciens du xvie siècle ne sont pas les
frères de Meyerbeer ou de Verdi.

Ce n'est point cette plénitude de forme, de sons, de
couleurs ; c'est un art qui se contient en s'épurant,
parce qu'il sait que l'homme abuse parfois de la
création contre la loi du Créateur.

Il y a longtemps que l'auteur du livre de la Sagesse
s'est plaint avec éloquence et tristesse de l'aveugle-
ment impardonnable de ces hommes qui, épris de la
splendeur des créatures, se déshonorent en les ado-
rant, et en oubliant leur éternel Auteur.[1]

Donc, on peut appliquer surtout à ce concept catholique de la beauté cet axiome de Bonäld : « Le beau
en tout est toujours sévère. » Mais pour arriver à
cette hauteur de vues, il faut que l'artiste soit un vrai
croyant, il est nécessaire qu'il possède ce sens supérieur que donne la grâce. Il faut posséder en son

---

1. *Sap.* XIII.

âme la beauté morale pour comprendre et produire
la beauté artistique. Nulle part mieux que dans le
monde de l'art ne se réalise cette vérité :

Un esprit corrompu ne fut jamais sublime

Pourquoi beaucoup d'artistes de notre temps sont-
ils impuissants à nous donner ces chefs-d'œuvre de
religion et de génie que nous ont présentés leurs
grands ancêtres ? Pourquoi ne touchent-ils à nos
saints que pour les défigurer ? Parce qu'il leur
manque ces intuitions surnaturelles, ces illuminations
véritables que donne la foi à ceux qui veulent se servir chrétiennement de leur pinceau, de leur ciseau ou
de leur plume.

Combien d'artistes, en effet, se dépouillant de tout
sentiment de foi et même de pudeur, s'obstinent à reproduire tout ce qui, dans la nature, peut surexciter les
mauvaises passions, soulever dans l'imagination de
périlleux orages et plaire aux instincts grossiers de la
foule ! Combien d'autres s'acharnent pour ainsi dire à
étouffer dans leur germe des dispositions brillantes
qui auraient pu produire des merveilles, laissent s'é-
teindre dans la boue le flambeau du génie et commettent sur eux-mêmes ce crime que l'on pourrait
appeler l'infanticide du talent !

Les esprits qui méprisent ces séductions brutales
et sensuelles sont seuls visités par l'ange des grandes
pensées et des inspirations pures ; ceux-là seuls produisent des œuvres qui élèvent les âmes et qui leur
font du bien. Ces grands artistes comprennent le surnaturel dans Jésus-Christ, dans l'Église, dans nos
saints et nos saintes, dans l'ordre de la grâce ici-bas
et de la gloire là-haut. Leurs statues virginales font
prier, leurs messes de *Requiem* font pleurer. Quand

Raphaël peint sa *Dispute du Saint-Sacrement*, il nous montre non seulement la terre, mais le ciel. Il représente Notre-Seigneur dans la radieuse hostie, adoré par les plus grands génies, mais au-dessus de ce spectacle terrestre, il entr'ouvre les splendeurs éternelles et nous fait voir le Roi de gloire entouré des anges et des saints.

Quand Hippolyte Flandrin compose les fresques de Saint-Germain-des-Prés ou de Saint-Vincent-de-Paul, il fait passer devant nos yeux ravis les admirables figures de nos bienheureux, qui suivent jusqu'au ciel Notre-Seigneur Jésus-Christ, leur maître et leur modèle. Tel est l'idéal chrétien.

Puissions-nous posséder beaucoup d'écoles comme celle de Dusseldorf et beaucoup d'académies comme celle de Saint-Luc, pour nous rendre des chefs-d'œuvre de l'art religieux, trop méconnu aujourd'hui !

L'artiste croyant est seul un artiste complet Non seulement il se sert de ses yeux de chair pour voir la *beauté sensible*, mais il ouvre les yeux de son esprit pour contempler la *beauté idéale* et il est illuminé des clartés de la foi pour admirer et reproduire la *beauté surnaturelle*.

L'art catholique a un passé magnifique et se prépare, si les artistes savent le comprendre, un avenir plus glorieux encore.

« En effet, dit un fin et judicieux critique, comment ne pas reconnaître que, si l'art grec, absorbé dans l'étude de l'homme et la savante reproduction de la beauté plastique, a, pour ainsi dire, atteint sa limite et glorieusement parcouru toute sa carrière, celle de l'art chrétien voit tous les jours reculer les bornes de la sienne, sans pouvoir jamais les atteindre ? Où pourrait s'arrêter l'art que domine, invisible et présente, la pensée de l'Homme-Dieu,

l'art qu'un rayon direct tombé d'en haut a divinement illuminé? Est-ce assez de dix-huit siècles écoulés ou plutôt
n'est-ce pas trop peu de tous les siècles à venir pour nous
révéler sous tous ses aspects, à toutes ses profondeurs,
dans sa vérité divine et sa vérité humaine incessamment
soudées, le Christ enfant, le Christ consolateur, le Christ
enseignant, le Christ souffrant, le Christ mourant, le Christ
ressuscité, le Christ dans la gloire?.. On dirait que, depuis
l'Incarnation, les pensées, les sentiments dont vivent les
arts ont reçu, avec une vie nouvelle, une force, une délicatesse, une profondeur que ni talent, ni génie ne sauraient plus tarir.» [1]

II

DIVERSES MANIFESTATIONS DU BEAU

§ I

Dans sa réalité sensible et objective, le beau pourrait se définir : *l'harmonie entre les divers éléments d'un
tout, accompagnée d'une certaine splendeur* ou plus briève-
ment : *la splendeur de l'ordre.*

C'est ainsi que parle saint Thomas après les philosophes anciens.[2]

Nous allons voir que cette définition s'applique aux
choses réelles comme à leurs imitations, et, parmi les
réalités, aux êtres spirituels comme aux objets corporels.

Quand nous voulons nous former une idée de Dieu,
nous en écartons d'abord toutes les imperfections,
puis nous lui attribuons toutes les qualités à un de-

---

1. Charles Charaux, professeur à la Faculté des lettres de
Grenoble, *La cité chrétienne*, 1890, p. 537.
2. *Somme théol.*, 1re partie, q. xxxix, a. 8 et 2da 2de, q. cxlv,
a. 2. — Cf. Aristote, *Métaphysique*, III et *Poétique*, VII.

gré infini. Lorsque nous venons à le considérer en lui-même, nous admirons au sein du Créateur l'ordre harmonieux et fécond des idées universelles, archétypes et exemplaires de toutes les créatures. S'il y a, dans les choses créées, une proportion qui nous remplit d'enthousiasme, à plus forte raison cet ordre existe-t-il dans celui qui renferme en lui-même l'idée de tout ce qui est et de tout ce qui est possible.

De plus, Dieu est la cause de toute beauté soit sensible, soit intellectuelle, soit morale, puisqu'il est la cause de tout. [1] Donc le Créateur est l'océan du beau, et, si les créatures sont belles, c'est qu'elles sont des reflets de ce soleil infini de beauté.

Mais cette invisible et toute spirituelle beauté de Dieu se fait apercevoir par ses œuvres. Je contemple d'abord l'ange, miroir prochain de la splendeur divine. Puis, moins parfaite dans sa nature, mais infiniment plus élevée en dignité et en gloire, j'admire celle que l'Église nomme la reine des anges, ce parfait modèle de la candeur, de l'innocence et de la pureté, qui est en même temps le type accompli et idéal de la douce majesté, de l'amour et du dévouement des mères.

Je vois ensuite les saints dans tous les états de perfection naturelle et surnaturelle. La nature avait déjà fait bien belles les âmes humaines, nous l'avons exposé dans tout ce volume. Mais les âmes des saints sont les chefs-d'œuvre de la grâce « depuis l'état initial où ils se montrent courbés sous le faix sacré de la pénitence, jusqu'à l'extase où, enivrés de la lumière de Dieu, ils oublient la terre, et se perdent dans les

1. S. Denys l'Aréopagite, *Des noms divins*, IV.

joiés anticipées de l'éternelle béatitude. Sans doute, les saints ne sont que des modifications vivantes du type même du Christ; mais quelle immense variété dans ces modifications, et que de beautés à cultiver pour l'art religieux ! »[1]

Qui les a transformés ainsi? C'est l'Église, prolongement du Verbe et source elle-même de vie éternelle; ce sont les sacrements, canaux de la grâce divine, et tous ces moyens surnaturels sont aussi admirables que leur fin est sublime.[2]

Dans l'ordre des corps, la nature nous offre aussi de bien splendides réalités.

« O soleil, disaient les saints, tu es à nos yeux le plus beau des astres, nous saluons dans ta lumière l'astre invisible et éternel qui t'a allumé comme un flambeau au milieu du firmament. Vastes étendues de la mer et des cieux, vous êtes immenses, mais moins encore que l'océan de perfections dont personne ne verra jamais les rivages. Montagnes, lancez vers les cieux vos majestueuses cimes: coulez, eaux limpides et fécondes; terre, hâte-toi d'ouvrir ton sein et de te couvrir de ta parure; fleurs, entr'ouvrez-vous et balancez aux souffles de la brise vos urnes de parfums; chantez, voix de l'univers; vivants, déployez toutes les grâces de vos formes et le bel ordre de vos mouvements; nature, montre-nous toutes tes beautés, c'est bien, c'est bien, *Amen, Amen!* Mais, ô nature, tes beautés ne nous charment que parce que nous y voyons le rayonnement de l'infinie beauté de Dieu; le beau, c'est le divin dans la création. »[3]

Plus que les fleurs de nos jardins et les arbres de nos forêts, les animaux sont dignes d'admiration. Les uns possèdent une imagination et une mémoire qui se rapprochent de celles de l'homme, les autres ont

---

1. P. Monsabré, *Conférences de 1890, Amen du sens esthétique.*
2. Cf. S. Thomas, 3e partie, q. LXV, a. 1. — P. Monsabré. *Conférences de 1883,* l'harmonie des sacrements, p. 59.
3. P. Monsabré, *ibid.* — P. Félix, *Conférences de 1867,* p. 31.

des sens très développés, un instinct extraordinaire, une logique sensible remarquable. Tous ont à leur disposition des formes et des organes physiques servant d'instruments et d'expressions aux forces internes. De là, chez tous les animaux, une certaine beauté ou plutôt des beautés d'espèce diverse et toujours proportionnées au nombre, à la puissance, à l'ordre et à l'expression des énergies en action. Certains genres d'animaux sont cependant beaux entre tous, la plupart des oiseaux, par exemple, le cheval, le lion, l'éléphant même, « ce miracle de connaissance et ce monstre de matière, » comme dit Buffon. [1]

Et, si nous franchissons un abîme de perfection, nous nous trouvons en présence de l'homme, nous admirons son corps si bien formé pour être l'habitacle de l'âme immortelle. Même dans une physionomie vulgaire, une âme élevée peut cependant laisser parfois des marques vivantes et suaves de sa beauté; c'est ce qui a fait dire que le corps est l'œuvre de l'âme, *corpus, cordis opus.*

Si nous cessons de considérer les choses de l'esprit ou de la matière telles que Dieu les a faites, nous trouvons encore d'autres traces de beauté *dans les imitations que nos artistes font de la réalité,* c'est en ce point principalement que s'exercent les beaux-arts. Les uns s'adressent à la vue et les autres à l'ouïe : « ce sont, dit saint Thomas, les sens *cognoscitifs* par excellence. » [2] Les autres sens nous apportent sans doute la sensation de l'agréable, comme le goût et l'odorat, mais, malgré certaines prétentions quelque peu ridicules, il n'y a là rien qui rappelle les beaux-arts,

---

1. Cf. Lévêque, *La science du beau,* t. I, p. 321.
2. *Somme théol.* 1re 2e, q. XXVII, a. 1.

C'est à l'œil que s'adresse l'*architecture*. Moins expres-
sive que les autres arts, elle nous montre cependant
l'ordre dans la matière solide inorganique. La beauté
diffère de genre d'après l'hôte qui doit habiter les
demeures qu'elle construit, que cet hôte soit Dieu,
l'homme, un peuple, un cadavre. L'architecture d'un
temple ne ressemble pas à celle d'un hôtel ; le style
d'un théâtre doit être différent de celui d'un tombeau.

Mais la vraie architecture chrétienne de nos pays
semble être celle qu'inventa le moyen âge, avec ses
colonnes élancées et ses ogives qui s'élèvent jusqu'au
ciel, avec ses nefs et ses transepts qui s'allongent en
croix, avec ses vitraux qui ne répandent sous les
voûtes qu'un jour mystérieux, avec les profondeurs
cachées des chapelles de l'abside. Tout cet ensemble
provoque l'impression du sublime et de l'infini divin.

La religion appelle encore à son aide la *sculpture*.
Les grandes scènes de l'Ancien et du Nouveau Tes-
tament sortent du bronze, du marbre, de la pierre et
du bois, pour rappeler le passé ou prophétiser l'avenir.
C'est à elle que l'on doit les portails de nos cathé-
drales ogivales, ainsi que le Moïse de Michel-Ange et
tant de statues magnifiques.

La peinture dispose de moyens expressifs plus nombreux, plus variés et plus grands que ceux de la
sculpture, sa sœur. La religion la fait travailler aussi
à la décoration de nos églises. C'est pour elle exclu-
sivement que les *primitifs* ont employé leur pinceau ;
c'est pour elle que Raphaël a composé sa *Transfiguration*, Léonard de Vinci, sa *Cène*, Poussin ses *Sept
Sacrements*, Michel Ange et bien d'autres, mille chefs-
d'œuvre immortels.

Toutes ces sculptures et ces tableaux de nos églises
qui enchantent la vue et instruisent l'esprit étaient

appelés par nos pères la *Bible des pauvres*, le livre où allaient s'instruire les ignorants.

La foi se sert aussi de l'*harmonie* pour produire de religieuses émotions :

« Du haut des tours, dit le P. Monsabré, tombe la voix de la cloche, dont les timbres fondus ensemble murmurent autour d'une note principale. Sous les voûtes, l'orgue retentit, instrument multiple, qu'aucun n'égale en ressources, en étendue, en éclat, en puissance. Une multitude de voix sortent l'une après l'autre, ou toutes ensemble, de son vaste sein, voix mystérieuses du lointain ou des hauteurs, voix profondes des abîmes, voix fermes et tremblantes, voix graves et perlées, voix fortes et tendres, voix solennelles et charmantes : c'est toute la musique du monde, soumise à nos lois et emprisonnée dans un orchestre sacré.

« De concert avec ces voix empruntées à la nature, l'Église fait entendre son chant, musique grave et sévère dont la tonalité, les modulations et le rythme se distinguent de ceux de la musique profane comme les temples des édifices vulgaires. Rien n'y secoue les orageuses passions qui troublent l'âme, mais fortement et suavement il émeut en nous les sens divins et nous aide à adorer, à rendre grâces, à supplier, à exprimer l'enthousiasme de la foi, les langueurs de l'espérance, les élans de l'amour, les saintes douleurs d'un cœur pénitent, la mélancolie des misères humaines, la crainte des sombres mystères de la mort et du jugement. Les maîtres de l'art n'ont pas oublié de lui faire des emprunts pour produire leurs plus grands effets. » [1]

La musique profane n'est pas non plus dépourvue de charme. Nul ne peut entendre sans admiration certaines compositions de Rameau, de Gounod, les mélodies de Mozart ou les sonates de Haydn, nul ne saurait écouter sans émotion le *Stabat* de Rossini, les messes de Schubert ou de Chérubini. Mais les sentiments idéalisés qu'elle exprime sont trop indé-

---

1. P. Monsabré, *Amen du sens esthétique.* — Cf. Vallet, *L'idée du beau dans la philosophie de saint Thomas d'Aquin*, p. 288 et 332.

terminés et trop fugitifs. « C'est proprement la langue
des sons, dit de Bonald ; chantée, c'est la langue parlée ; notée, c'est la langue écrite. » Sans doute, mais
c'est souvent une langue peu distincte et qui offre
encore certains mystères aux initiés eux-mêmes.

Assurément les vrais artistes parviennent à exprimer
par elle les sentiments de leur âme. Mais combien de
talents moins distingués n'arrivent à produire qu'un
plus ou moins brillant tapage, qui est peut-être une
merveille de doigté, mais qui ne s'inquiète pas de
l'âme et de l'expression, et qui n'a rien de commun
avec l'art véritable.

§ II

Au point de vue de l'intelligence qui la contemple,
c'est-à-dire dans sa réalité subjective, *la beauté est
l'harmonie entre l'objet vu et le sujet voyant.* En effet, ce
qui est beau pour une personne, l'est parfois moins
pour une autre, et paraîtra peut-être laid à une troisième. Sans doute, nous ne faisons pas plus le beau
que nous faisons le vrai ou le bien (p. 162), mais
nous en sommes diversement frappés. Il y en a qui
prennent l'excentrique pour le sublime et qui com-
parent certaines productions de Victor Hugo vieillis-
sant aux plus belles inspirations de Corneille. D'autres
préfèrent le joli, qui n'est qu'un diminutif du beau, à
ce qui est vraiment splendide. Ceux-là donneraient
toutes les toiles de Rubens et de Van Dyck pour un
tableau de Watteau ou de Boucher. C'est là le premier
côté purement subjectif et personnel de la beauté ; le
second s'adresse à la volonté.

On l'a définie très justement : *la splendeur du vrai ;*
seulement cette splendeur ne frappe pas également
toutes les intelligences. Donnons quelques exemples :

Quel est le genre de beauté d'une démonstration philosophique? C'est la simplicité des termes, l'élégance
et l'originalité de la méthode, la rigueur du raisonnement, l'ordre et la clarté avec laquelle se déroule la
série des syllogismes. C'est ainsi que procédaient
autrefois ces maîtres immortels qui se nommaient
Socrate, Aristote et Platon. C'est ce dernier qu'on a
pu appeler le Moïse athénien; c'est son œuvre qu'on
a nommée la préface humaine de l'Évangile. C'est de
lui qu'un poète contemporain a pu dire :

> Oui, l'homme entre tes bras buvait avec ivresse
> Le breuvage du vrai dans la coupe du beau. [1]

Bien que l'éloquence ait pour but principal de
démontrer, de faire resplendir et aimer le *vrai* et ne
se serve du *beau* que comme d'un moyen, pourtant
les vrais orateurs savent employer des effets d'art qui
les font arriver parfois jusqu'à la beauté la plus élevée.
Démosthène est beau quand il s'élève contre Philippe;
Cicéron est beau lorsqu'il flétrit Verrès ou Clodius ;
Bossuet est plus majestueux encore quand il consacre
à la mémoire de Condé les restes d'une voix qui
tombe et d'une ardeur qui s'éteint. Qui n'a lu avec
des transports d'enthousiasme les pages mémorables
de notre Lacordaire sur la *Vocation de la nation française*,
quand il ramenait à Notre-Dame de Paris la robe
triomphante de saint Dominique? Le beau oratoire
se rencontre dans le développement rapide des
preuves, dans leur enchaînement serré, dans l'action
naturelle et convaincue, dans cette chaleur qui fait
passer l'âme de l'orateur dans l'âme de l'auditeur.
Mais tous les beaux-arts reconnaissent la poésie
comme leur reine. Elle a des ressources d'expression

---

1. De Laprade, *Invocation à Platon.* — Cf. Vallet, *op. cit.*, p. 104.

plus grandes, plus nombreuses, plus variées et plus flexibles que ses sœurs la sculpture, la peinture, la musique. Elle se sert de la parole, le plus riche et le plus fécond des instruments. Elle sait faire vibrer tour à tour toutes les fibres de l'âme humaine. *Lyrique*, elle émeut et élève, *dramatique*, elle donne une immense ampleur aux faits par la parole et par l'action, *épique* enfin, elle raconte un événement mémorable d'une façon poétique et sublime.

A quelle hauteur David n'a-t-il pas élevé la poésie lyrique sacrée ! « C'est notre Simonide, notre Pindare et notre Alcée, s'écrie saint Jérôme. » [1] Racine, J.-B. Rousseau et Lamartine ont rencontré d'admirables effets poétiques quand ils ont imité le roi-prophète.

Sophocle à Athènes, Corneille et Racine en France, nous fournissent l'idéal de la poésie dramatique.

Tout le monde sait à quelle hauteur Homère, Virgile et Dante ont porté l'épopée.

N'oublions pas nos vieilles épopées françaises, si naturelles et si poétiques à la fois, où vibrent tous les sentiments chevaleresques avec tout l'enthousiasme religieux, et qui ont fait frémir pendant des siècles les lèvres et l'âme de la nation tout entière. [2]

Dans tous ces genres, la beauté a été parfois portée jusqu'au sublime qui saisit l'âme, la ravit et éveille en elle le sentiment de l'infini.

Dans la Genèse, Dieu dit : Que la lumière soit, et la lumière fut. C'est du sublime, et il abonde dans nos saintes Écritures. [3] Dans Corneille, on demande à un

1. *Epistola ad Paulinum*, Apud Migne, *Patr. lat.*, t. XXII col. 547.

2. Cf. Léon Gautier, *Les épopées françaises*, 2º édit. 1878.

3. Cf. *Isaïe* XLXIII, *Ps.* LVVIII et CIII, I *Macch.* I, *Jean*, I, etc. — Cf. Fénelon, 3º *Dialogue sur l'éloquence*. — De Bonald, *Mélanges*, t. I.

vieux Romain dont le fils a fui devant les Curiaces :

Que vouliez-vous qu'il fît contre trois ?

Qu'il mourût !

répond Horace. C'est encore du sublime.

En toute espèce de poésie on doit toujours avoir pour règle d'élever les intelligences, sans doute, mais en même temps de fortifier les volontés.

C'est ce qu'a très bien exprimé un de nos poètes du XIX⁰ siècle :

> On n'est qu'un baladin et non pas un poète
> Quand des grâces d'un vers gémissant ou moqueur
> On a charmé l'esprit sans agrandir le cœur. [1]

§ III

Nous pouvons donc rencontrer aussi le beau et même le sublime dans la *volonté* et dans les actes de vertu qu'elle produit. Sans doute la volonté a pour objet le bien et non pas le beau. Cependant rien n'empêche que le bien, restant dans l'ordre, mais s'élevant à un degré supérieur, entouré d'une certaine lumière et remarqué par nous, n'offre tous les caractères de la vraie beauté. Le beau moral consiste alors *dans une certaine proportion entre un acte vertueux et la volonté* et peut se définir : *La splendeur du bien.*

C'est cette fleur du bien qu'on appelle le beau. [2]

La volonté est satisfaite par la vue et la connaissance du beau moral comme elle l'est par la pratique du bien. [3]

En effet, l'âme est naturellement charmée de con-

1. De Laprade, *Entretien avec Corneille.*
2. De Laprade.
3. S. Thomas, 2ᵒ 2ᵉ, q. XXVII, ad 3ᵘᵐ.

naître une belle action, un de ces faits qui honorent et élèvent l'humanité. Plus l'intérêt à fouler aux pieds est cher, plus par conséquent est grande la force que le cœur doit déployer en vue de l'ordre, plus aussi l'acte est beau, et parfois la grâce seule peut l'inspirer.

On le voit, ce n'est pas seulement le beau *intellectuel* qui a le pouvoir de nous séduire, c'est aussi et surtout le beau *moral*. Sans doute, nous nous écrions : Belle thèse, beau discours, belle poésie ! mais nous disons aussi : Belle action, beau trait de générosité, bel acte de dévouement !

I. Dans l'ordre naturel, ce qui nous séduit tout d'abord, c'est la beauté de l'*honnête*, que nous devons placer, ici comme dans la volonté (p. 160), avant l'*utile* et avant l'*agréable*. Le dévouement de Régulus, par exemple, est le sublime de l'honnête. Eustache de Saint-Pierre est un héros comme le chevalier d'Assas.

Chaque année, le prix Monthyon vient récompenser des servantes qui se dévouent pour leurs maîtres tombés dans l'infortune, de pauvres femmes qui recueillent des enfants abandonnés, des marins qui ont disputé à la mer des centaines d'existences humaines. En lisant le récit de leur dévouement, nos yeux se remplissent de larmes, notre cœur palpite : le beau nous est apparu.

Nous pouvons encore rencontrer le beau dans le genre *utile*. Saint Louis, par exemple, faisait de la belle politique, non seulement parce qu'elle était chrétienne et honnête, mais parce qu'elle était grandement profitable à son pays.

Enfin, vient le genre *agréable;* c'est un beau inférieur qui nous amuse, nous distrait, nous fait sou-

rire, mais qui doit toujours être sacrifié à l'utile et à
l'honnête.

II. Dans l'ordre surnaturel, la foi a toujours été l'ins-
piratrice des plus héroïques dévouements et du plus
haut degré de beauté morale. Faut-il citer la chère
sainte Elisabeth de Hongrie soignant les lépreux, saint
Vincent de Paul nourrissant des provinces entières,
les missionnaires et les Sœurs de charité mourant à
deux mille lieues de leur pays pour aller apprendre à
de pauvres nègres à s'aimer les uns les autres ?

Les chrétiens doivent toujours surnaturaliser leurs
vertus morales et les rendre ainsi dignes des récom-
penses éternelles. Les vertus purement naturelles
sont « des vertus dont l'enfer est plein, » [1] dit Bossuet, tant elles sont souvent faussées par l'intérêt ou
la vanité ! La beauté morale ou intelligible consiste en
ce que les opérations de l'homme sont éclairées et di-
rigées par la lumière spirituelle de la raison. Mais, si
l'intelligence est en même temps aidée de la grâce,
elle arrivera bien plus vite et plus complètement à
écarter tout ce qui diminue ou éteint les rayons intellectuels. Elle engendrera des perfections qui dépasse-
ront infiniment l'ordre de la nature.

Ainsi, parmi les vertus morales, pourquoi la *tempérance* surtout est-elle belle ? C'est parce qu'elle a pour
rôle de réprimer les passions qui obscurcissent le plus
les lumières de la raison. [2]

Mais la tempérance, considérée comme vertu surnaturelle, est portée à son degré le plus sublime dans
cette vertu que la philosophie n'a jamais connue et
qui se nomme la *virginité.*

1. *Oraison funèbre d'Anne de Gonzague.*
2. S. Thomas, *Somme théol.*, 2e 2e, q. CLXXX, a. 2, ad 3um.

Écoutons la belle et solide doctrine de Bossuet :

« La tempérance modère les plaisirs du corps : la virginité les méprise. La tempérance, en les goûtant, se met
au-dessus, à la vérité ; mais la virginité, plus mâle et plus
forte, ne daigne pas même y tourner les yeux. La tempérance porte ses liens d'un courage ferme : la virginité
les rompt d'une main hardie. La tempérance se contente
de la liberté : la virginité veut l'empire et la souveraineté
absolue. Ou plutôt la tempérance gouverne le corps :
vous diriez que la virginité s'en sépare ; elle s'élève jusqu'au ciel, presque entièrement dégagée ; et, bien qu'elle
soit dans un corps mortel, elle ne laisse pas de prendre sa
place parmi les esprits bienheureux, parce qu'elle ne se
nourrit, non plus qu'eux, que de délices spirituelles. » [1]

Si la vraie beauté consiste dans une proportion bien
mesurée d'éléments convenables, [2] la chasteté religieuse est bien belle, puisque c'est elle qui maintient
la plus juste et la plus difficile proportion de l'esprit
et de la matière, de la raison et des sens, de la volonté et de la passion.

« Elle est donc en nous, dit le docteur Didiot, le principe suprême de l'honneur moral... Elle possède le trésor
de la plus merveilleuse beauté... Où le corps est-il plus
illuminé, plus transfiguré, plus spiritualisé par l'intelligence et la volonté ? Où la lumière de l'âme est-elle plus
éclatante et plus victorieuse ? Où la contemplation rem-
place-t-elle plus complètement les plaisirs du corps ? » [3]
« Qui peut imaginer, demande saint Ambroise, une beauté
plus grande que la beauté virginale qui est aimée par le
Roi, approuvée par le Juge, vouée au Seigneur, consacrée
à Dieu ? » [4]

Si nos âmes baptisées s'élèvent de plus en plus
dans cette beauté surnaturelle que donne la grâce,

---

1. *Sermon pour une profession religieuse.*
2. S. Denys l'Aréopagite, *Des noms divins*, ch. IV.
3. *L'État religieux*, p. 131.
4. *Des Vierges*, liv. Ier. — Cf. P. Monsabré, *Conférences de 1877*,
p. 213.

elles arriveront un jour à mériter de contempler au
ciel la beauté de Dieu. Ici-bas tous les êtres ne sont
beaux que par participation, nos âmes elles-mêmes
n'arrivent à posséder quelque beauté que lorsqu'elles
se trouvent, par un don de Dieu, dans le rayonnement de la beauté divine. Dans la demeure céleste,
Dieu est le beau total qui, se communiquant à
elles sans ombre et sans réserve, les élève à son
propre degré de gloire et de beauté. Non seulement
il épure et transforme leur âme, dont l'œil n'a point
vu la splendeur, dont le cœur n'a point soupçonné
les charmes éternels, mais il réforme et transfigure
jusqu'à leur corps, comme dit saint Paul, [1] selon le type
absolument sacré de Notre-Seigneur Jésus-Christ.

1. *Philip.* III, 21.

CONCLUSION

Les grands théologiens du moyen âge ne bornaient pas leur pensée à l'étude des questions dogmatiques ou morales qui peuvent se rencontrer dans le cours de cette vie. Ils avaient sans cesse leur regard fixé sur le ciel. En effet, cette existence n'a qu'un temps, et ce qui importe surtout à savoir c'est ce que deviendront dans l'éternité bienheureuse les facultés de notre âme, la grâce qui les aide, les sacrements qui les vivifient. C'est à ce grand et éternel point de vue que la sainte théologie se place encore, car les choses de cette vie ne sont pour elle que les ombres et les figures des réalités futures. Elle dirige des jets de lumière sur l'existence qui n'aura point de fin.

Nous nous sommes efforcés de nous inspirer de ces idées supérieures et surnaturelles en traitant des diverses facultés de notre âme, et nous nous résumons en nous demandant une dernière fois quel sera leur rôle dans les siècles éternels.

Lorsque saint François de Sales passa son examen devant le Pape, avant de devenir coadjuteur de Genève, Clément VIII lui posa cette question : « Quelle est la cause formelle de la béatitude? » « Les uns, répondit le saint docteur, la place dans l'*intelligence seule*, les autres dans la *volonté seule;* d'autres enfin *tout à la fois dans l'intelligence et dans la volonté.* Je suis de ce dernior avis. » Le cardinal Bellarmin qui était présent combattit d'abord cette doctrine avec force, puis finit par se ranger à l'opinion du doux et savant évêque. [1]

Donc, Dieu seul

> Est le bien idéal que toute âme désire
> Et qui n'a point de nom au terrestre séjour. [2]

La *vision* surnaturelle de Dieu contentera à tout jamais notre *intelligence*, que la foi a déjà surnaturellement éclairée sur la terre. La *jouissance* surnaturelle de Dieu satisfera aussi pendant l'éternité tout entière notre *volonté*, que la grâce a déjà surnaturellement enflammée.

Rien de ce que nous possédons en cette vie ne saurait remplir parfaitement les deux puissances de notre âme. Notre plus grand bonheur ici-bas consiste à avoir toujours les yeux fixés vers cette *vérité* absolue que réclame notre intelligence, vers cette *bonté* finale à laquelle aspire notre volonté, vers cette *beauté* toujours ancienne et toujours nouvelle qui séduit nos cœurs, sans les lasser jamais.

> Mon âme est un rayon de lumière et d'amour,
> Qui, du foyer divin détaché pour un jour,
> De désirs dévorants loin de toi consumée
> Brûle de retourner à sa source enflammée... [3]

Et cette satisfaction de la patrie sera proportionnée au degré de perfectionnement intellectuel et moral auquel nous serons arrivés sur cette terre, dans *la voie*, comme dit la théologie. C'est parce que les mérites de chacun sont différents qu'il y a beaucoup de demeures dans la maison du Père céleste, [4] et qu'au ciel une de

---

1. *Vie de saint François de Sales*, par Hamon, t. I, p. 359.
2. Lamartine, *Méditations*, la prière.
3. Lamartine, *ibid.*
4. *Jean*, XIV, 2.

ces étoiles vivantes diffère d'une autre étoile en clarté et en splendeur. [1]

L'intelligence de l'âme béatifiée comprendra d'autant plus qu'elle aura mieux étudié et compris le *vrai* éternel. La volonté jouira d'autant plus qu'elle aura mieux aimé le *bien* suprême. L'âme tout entière sera d'autant plus ravie qu'elle aura mieux admiré le *beau* incomparable, le *beau* divin.

Le corps ressuscité aura, lui aussi, sa part immortelle dans cet immense poids de gloire, car la béatitude parfaite réclame l'union de l'âme glorifiée avec le corps qui a été ici-bas son compagnon de labeur et de mérite.

Fortifions-nous donc par cette noble espérance, et répétons avec le grand Corneille :

> Saintes douceurs du ciel, adorables idées,
> Vous remplissez un cœur qui vous peut recevoir :
> De vos sacrés attraits les âmes possédées
> Ne conçoivent plus rien qui les puisse émouvoir. [2]

1. I *Cor.* xv, 41.
2. *Polyeucte*, act. IV, sc. II.

FIN

TABLE DES MATIÈRES

LIVRE SECOND

Des facultés spirituelles

APPENDICE

Du beau et de ses manifestations diverses

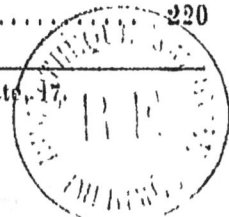

Paris. — Imprimerie F. Levé, rue Cassette, 17.